上海市工程建设规范

桥梁工程超高性能混凝土应用技术标准

Technical standard for application of ultra-high performance concrete in bridges

DG/TJ 08—2401—2022

J 16324—2022

主编单位:上海市政工程设计研究总院(集团)有限公司
上海市城市建设设计研究总院(集团)有限公司
上海市市政规划设计研究院有限公司

批准部门:上海市住房和城乡建设管理委员会
施行日期:2022 年 7 月 1 日

同济大学出版社

2023　上海

图书在版编目(CIP)数据

桥梁工程超高性能混凝土应用技术标准 / 上海市政工程设计研究总院(集团)有限公司，上海市城市建设设计研究总院(集团)有限公司，上海市市政规划设计研究院有限公司主编. —上海：同济大学出版社，2023.7

ISBN 978-7-5765-0840-6

Ⅰ. ①桥… Ⅱ. ①上… ②上… ③上… Ⅲ. ①桥梁工程-高强混凝土-混凝土结构-技术标准-上海 Ⅳ. ①U443-65

中国国家版本馆 CIP 数据核字(2023)第 081889 号

桥梁工程超高性能混凝土应用技术标准

上海市政工程设计研究总院(集团)有限公司
上海市城市建设设计研究总院(集团)有限公司 **主编**
上海市市政规划设计研究院有限公司

责任编辑 朱 勇
责任校对 徐春莲
封面设计 陈益平

出版发行 同济大学出版社 www.tongjipress.com.cn
(地址：上海市四平路 1239 号 邮编：200092 电话：021-65985622)
经 销 全国各地新华书店
印 刷 浦江求真印务有限公司
开 本 889mm×1194mm 1/32
印 张 4.125
字 数 111 000
版 次 2023 年 7 月第 1 版
印 次 2023 年 7 月第 1 次印刷
书 号 ISBN 978-7-5765-0840-6
定 价 45.00 元

上海市住房和城乡建设管理委员会文件

沪建标定〔2022〕103 号

上海市住房和城乡建设管理委员会
关于批准《桥梁工程超高性能混凝土应用技术标准》为上海市工程建设规范的通知

各有关单位：

由上海市政工程设计研究总院（集团）有限公司、上海市城市建设设计研究总院（集团）有限公司、上海市市政规划设计研究院有限公司主编的《桥梁工程超高性能混凝土应用技术标准》，经我委审核，现批准为上海市工程建设规范，统一编号为 DG/TJ 08—2401—2022，自 2022 年 7 月 1 日起实施。

本标准由上海市住房和城乡建设管理委员会负责管理，上海市政工程设计研究总院（集团）有限公司负责解释。

上海市住房和城乡建设管理委员会

2022 年 2 月 15 日

前　言

根据上海市住房和城乡建设管理委员会《关于印发〈2020 年上海市工程建设规范、建筑标准设计编制计划〉的通知》(沪建标定〔2019〕752 号)要求，标准编制组在充分总结以往经验，结合新的发展形势和要求，参考有关国家、行业及本市相关标准规范和文献资料，并在广泛征求意见的基础上，编制了本标准。

本标准的主要内容有：总则；术语和符号；超高性能混凝土材料；超高性能混凝土结构设计基本规定；超高性能混凝土构件设计；超高性能混凝土-钢组合桥面板构件设计；预制结构中超高性能混凝土连接设计；维修加固；施工及质量检验；附录 A；附录 B。

各有关单位及相关人员在执行本标准过程中，若发现问题或有意见和建议，请反馈至上海市交通委员会(地址：上海市世博村路 300 号 1 号楼；邮编：200125；E-mail：shjtbiaozhun@126.com)，上海市政工程设计研究总院(集团)有限公司(地址：上海市中山北二路 901 号；邮编：200092；E-mail：wangruilong@smedi.com)，上海市建筑建材业市场管理总站(地址：上海市小木桥路 683 号；邮编：200032；E-mail：shgcbz@163.com)，以便今后修订时参考。

主 编 单 位：上海市政工程设计研究总院(集团)有限公司
上海市城市建设设计研究总院(集团)有限公司
上海市市政规划设计研究院有限公司

参 编 单 位：同济大学

主要起草人：马　骉　周　良　黄少文　王瑞龙　王俊颜
石雪飞　李雪峰　王　巍　肖汝诚　李建中
王　强　赵晓梅　黄　虹　段昕智　闫兴非

王　浩　苏　俭　胡方健　何昌轩　卫　璞
杜林清

主要审查人: 钱寅泉　刘　钊　李国平　陈世鸣　苏庆田
邓青儿　郑七振

上海市建筑建材业市场管理总站

目　次

Contents

1 总 则

1.0.1 为指导桥梁工程 UHPC 结构的设计、施工、质量检验，做到安全可靠、适用耐久、技术先进、经济合理，制定本标准。

1.0.2 本标准适用于桥梁工程 UHPC 结构的设计、施工及质量检验。

1.0.3 桥梁工程 UHPC 结构的设计、施工及质量检验，除应符合本标准的规定外，尚应符合国家、行业和本市现行有关标准的规定。

2 术语和符号

2.1 术 语

2.1.1 桥梁工程用超高性能混凝土 ultra-high performance concrete for bridges（简称超高性能混凝土或 UHPC）

应用于桥梁工程中，由水泥、矿物掺合料、骨料、纤维、外加剂和水等原材料制成的具有高强、高韧、高耐久性的纤维增强水泥基复合材料。

2.1.2 UHPC 预混料 UHPC premix

由水泥、矿物掺合料、骨料按 UHPC 配合比配制的干混料，可包含粉状外加剂、纤维。

2.1.3 弹性抗拉强度 elastic tensile strength

应变硬化型和应变软化型 UHPC 的单轴拉伸试件由线弹性转变为非线性时的转折点所对应的拉伸应力。

2.1.4 抗拉强度 tensile strength

应变硬化型 UHPC 的单轴拉伸试件应力应变曲线上的拉应力峰值。

2.1.5 极限拉应变 ultimate tensile strain

应变硬化型 UHPC 的单轴拉伸试件应力应变曲线上的拉应力峰值对应的应变。

2.1.6 应变硬化 strain hardening

当拉应力超过弹性抗拉强度后，拉应力随应变增大而不立即下降的现象。

2.1.7 应变软化 strain softening

当拉应力超过弹性抗拉强度后，拉应力随应变增大而持续下降的现象。

2.1.8 触变性 thixotropy

水泥基材料拌合物在剪力作用下的表观黏度减小，而当剪力撤除后，黏度又恢复的性质。

2.2 符 号

2.2.1 材料性能相关符号

E_c——普通混凝土的弹性模量；

E_s，E_p——普通钢筋、预应力钢筋弹性模量；

E_{Uc}——UHPC 的弹性模量；

G_u——UHPC 的剪切变形模量；

UC120——立方体抗压强度标准值为 120 MPa 的 UHPC 抗压强度等级；

UT0——抗拉性能满足 0 级要求的 UHPC 抗拉性能等级；

f_{cd}——普通混凝土的轴心抗压强度设计值；

f_d——钢材的抗拉强度设计值；

f_{pk}，f_{pd}——预应力钢筋的抗拉强度标准值、设计值；

f_{sk}，f_{sd}——普通钢筋抗拉强度标准值、设计值；

f'_{sd}，f'_{pd}——普通钢筋、预应力钢筋抗压强度设计值；

f_{Ucd}——UHPC 轴心抗压强度设计值；

f_{Uck}——UHPC 轴心抗压强度标准值；

f'_{Uck}——施工阶段的立方体 UHPC 轴心抗压强度标准值；

f_{Ucuk}——UHPC 立方体抗压强度标准值；

f_{Ute}——UHPC 弹性抗拉强度；

f_{Uted}——UHPC 弹性抗拉强度设计值；

f_{Utek}——UHPC 弹性抗拉强度标准值；

f_{Utu}——UHPC 抗拉强度；

f_{Utud}——UHPC 抗拉强度设计值；

f_{Utuk}——UHPC 抗拉强度标准值；

f'_{Utk}——施工阶段的 UHPC 轴心抗拉强度标准值；

f_{vd}——钢材的抗剪强度设计值；

h_{u}——UHPC 构件(层)的厚度；

l_{u}——UHPC 构件(层)的裂缝计算长度；

t——龄期；

t_0——加载龄期；

$\varepsilon_{\mathrm{Ucc}}$——UHPC 的徐变应变；

$\varepsilon_{\mathrm{Ucu}}$——非均匀受压时的 UHPC 极限压应变；

$\varepsilon_{\mathrm{Uel}}$——UHPC 的弹性应变；

$\varepsilon_{\mathrm{Us}}$——UHPC 的总收缩值；

$\varepsilon_{\mathrm{Us\infty}}$——UHPC 的最终收缩应变值；

$\varepsilon_{\mathrm{Utu}}$——UHPC 的极限拉应变；

μ——UHPC 的泊松比；

$\sigma_{\mathrm{U,D}}$——UHPC 名义疲劳弯拉应力允许值；

$\varphi_{\mathrm{U,\infty}}(t_\infty, t_0)$——UHPC 的最终徐变系数；

w_{ut}——UHPC 裂缝宽度。

2.2.2 作用和作用效应有关符号

F_{cc}——受压区 RC 桥面板的压应力合力；

F_{Uc}——受压区 UHPC 的压应力合力；

F_{Ut}——受拉区 UHPC 的拉应力合力；

M_{d}——弯矩设计值；

N_{d}——轴向力组合设计值；

R——构件承载能力设计值；

S_{ud}——作用效应的组合设计值；

V_{d}——剪力组合设计值；

V_{Rd}——抗剪承载力设计值；

$V_{Rd,c}$——普通混凝土的抗剪承载力设计值；

$V_{Rd,U}$——UHPC 基体的抗剪承载力；

$V_{Rd,s}$——箍筋提供的抗剪承载力；

$V_{Rd,P}$——预应力钢筋提供的抗剪承载力；

V_{vd}——组合梁截面竖向剪力设计值；

V_{vu}——组合梁截面竖向抗剪承载力；

σ_{p0}，σ'_{p0}——受拉区、受压区纵向预应力钢筋合力点处 UHPC 法向应力等于 0 时预应力筋应力；

σ_{pc}——扣除全部预应力损失后的预加力在构件抗裂验算边缘产生的 UHPC 预压应力；

σ_{s}，σ_{p}——纵向普通钢筋、预应力钢筋的应力；

σ_{st}——在作用频遇组合下构件抗裂验算边缘 UHPC 的法向拉应力；

σ_{tp}——在作用频遇组合和预加力产生的 UHPC 主拉应力；

$\sigma^{f}_{t,max}$——疲劳验算时 UHPC 截面受拉区边缘纤维的最大拉应力；

σ_{Uc}——截面达到抗弯承载力极限时，构件截面受压边缘 UHPC 的应力；

ε_{p}——受拉区预应力钢筋屈服时，受拉区纵向预应力钢筋合力点处 UHPC 的应变；

ε'_{s}，ε'_{p}——截面达到抗弯承载力极限时，构件受压区纵向普通钢筋、纵向预应力钢筋合力点处 UHPC 的应变；

ε_{Uc}——截面达到抗弯承载力极限时，构件截面受压边缘 UHPC 的应变；

ε_{Ut}——受拉区预应力钢筋屈服时，构件截面受拉边缘 UHPC 的应变。

2.2.3 几何参数有关符号

A_U ——UHPC 构件的截面净面积；

A_{Ut} ——UHPC 构件有效受拉区面积；

A_p，A'_p ——构件受拉区、受压区纵向预应力钢筋的截面面积；

A_s，A'_s ——构件受拉区、受压区纵向普通钢筋的截面面积；

A_{sv} ——箍筋面积；

A_w ——钢梁腹板的截面面积；

W_{eff} ——截面抗弯模量；

S_v ——箍筋的间距；

a_c ——截面受压区 UHPC 压应力合力重心距离受压边缘的距离；

a，a' ——构件受拉区、受压区普通钢筋和预应力筋合力点至截面近边的距离；

a_s，a_p ——构件受拉区普通钢筋合力点、预应力筋合力点至受拉区边缘的距离；

a'_s，a'_p ——构件受压区普通钢筋合力点、预应力钢筋合力点至受压区边缘的距离；

a_t ——UHPC 构件有效受拉区合力重心距受拉边缘的距离；

b ——矩形截面宽度，T 形或 I 形截面腹板宽度；

b_f，b'_f ——T 形或 I 形截面受拉区、受压区的翼缘宽度；

b'_{fRC} ——RC 桥面板宽度；

e_0 ——轴向力对截面重心轴的偏心距；

h'_{fRC} ——RC 桥面板高度；

h ——截面高度；

h_f，h'_f ——T 形或 I 形截面受拉区、受压区的翼缘厚度；

h_0 ——截面有效高度，纵向受拉钢筋合力点至截面受压边缘的距离；

h_{0i} ——受压区边缘至受拉区第 i 层钢筋截面重心的距离；

h'_0 ——纵向受压钢筋合力点至截面受拉边缘的距离；

x ——截面受压区高度；

x_c ——UHPC 构件截面受压区高度；

x_t ——UHPC 构件拉应变小于 $2.0\varepsilon_{Utu}$ 的受拉区高度；

z ——外力杠杆臂；

ξ_b ——相对界限受压区高度；

x_b ——界限受压区高度。

2.2.4 计算参数及其他有关符号

γ_0 ——桥梁结构的重要性系数；

η ——偏心受压构件轴向力偏心距增大系数；

η_θ ——挠度长期增长系数；

η_{hU} ——纤维分布方向上构件厚度的影响系数；

ξ_1 ——荷载偏心率对截面曲率的影响系数；

ξ_2 ——构件长细比对截面曲率的影响系数；

φ ——轴心受压构件稳定系数。

3 超高性能混凝土材料

3.1 材料组成

3.1.1 UHPC用水泥宜采用比表面积为330 m^2/kg～390 m^2/kg的42.5级及以上硅酸盐水泥、普通硅酸盐水泥。硅酸盐水泥、普通硅酸盐水泥应符合现行国家标准《通用硅酸盐水泥》GB 175的规定。

3.1.2 UHPC用矿物掺合料应满足下列要求：

1 矿物掺合料应符合现行国家标准《高强高性能混凝土用矿物外加剂》GB/T 18736的规定。

2 当采用其他矿物掺合料时，矿物掺合料性能应符合国家现行标准的规定，且应通过试验验证。

3.1.3 UHPC用细骨料宜满足现行国家标准《活性粉末混凝土》GB/T 31387和现行行业标准《高性能混凝土用骨料》JG/T 568的规定，且氯离子含量应符合现行上海市工程建设规范《预拌混凝土生产技术标准》DG/TJ 08—227的规定。使用粗骨料时，其最大粒径不应大于10 mm，且应通过试验验证。

3.1.4 UHPC用外加剂应满足下列要求：

1 减水剂应符合现行国家标准《混凝土外加剂》GB 8076和《混凝土外加剂应用技术规范》GB 50119的规定，宜选用减水率不小于30%的高性能减水剂。

2 其他外加剂应符合国家现行标准的规定，且应通过试验验证。

3.1.5 UHPC用钢纤维宜采用长度为6 mm～25 mm、直径为0.10 mm～0.25 mm、长径比为50～120，且抗拉强度不低于

2 000 MPa 的微细钢纤维，钢纤维体积掺量宜为 1.0%～4.0%。

3.1.6 UHPC 用拌合用水应符合现行行业标准《混凝土用水标准》JGJ 63 的规定。

3.1.7 UHPC 的配合比应通过试验验证，且满足设计性能要求后方可使用。

3.2 材料性能

3.2.1 UHPC 抗压强度等级应按边长为 100 mm 立方体试件的抗压强度标准值确定，UHPC 立方体抗压强度标准值 f_{Ucuk} 不应小于 120 MPa，并应按表 3.2.1 采用。

表 3.2.1 UHPC 立方体抗压强度标准值

强度等级	UC 120	UC 140	UC 160	UC 180	UC 200
f_{Ucuk} (MPa)	120	140	160	180	200

注：采用粗骨料时应乘以 0.95 折减系数。

3.2.2 UHPC 轴心抗压强度标准值 f_{Uck} 应按表 3.2.2 取值。

表 3.2.2 UHPC 轴心抗压强度标准值

强度等级	UC 120	UC 140	UC 160	UC 180	UC 200
f_{Uck} (MPa)	84	98	112	126	140

3.2.3 UHPC 轴心抗压强度设计值 f_{Ucd} 应按表 3.2.3 取值。

表 3.2.3 UHPC 轴心抗压强设计值

强度等级	UC 120	UC 140	UC 160	UC 180	UC 200
f_{Ucd} (MPa)	58	68	77	87	97

3.2.4 UHPC 弹性抗拉强度 f_{Ute}、抗拉强度 f_{Utu} 以及极限拉应变 ε_{Utu} 应按本标准附录 A 进行测定。

3.2.5 UHPC 抗拉性能等级应按表 3.2.5 进行划分，弹性抗拉强度标准值 f_{Utek}、抗拉强度标准值 f_{Utuk} 以及极限拉应变 $\varepsilon_{\mathrm{Utu}}$ 应同时满足表 3.2.5 的要求。

表 3.2.5 轴拉力学性能

抗拉性能等级	UT 0	UT Ⅰ	UT Ⅱ	UT Ⅲ	UT Ⅳ
f_{Utek} (MPa)	7.0	7.0	7.0	8.0	10.0
f_{Utuk} (MPa)	4.9*	7.0	7.7	9.6	12.0
$f_{\mathrm{Utuk}}/f_{\mathrm{Utek}}$	0.7*	1.0	1.1	1.2	1.2
$\varepsilon_{\mathrm{Utu}}$ (%)	0.15*	0.15	0.15	0.2	0.2

注：* 指按本标准附录 A 进行拉伸试验，拉伸应变达到 0.15%时，对应的拉应力不应低于 0.7 倍 f_{Utek}。

3.2.6 UHPC 按拉伸力学特性分为应变硬化和应变软化两种类型(图 3.2.6)，应采用下列规定进行表达：

1 采用双折线模型，描述 UHPC 的弹性性能和硬化特征。

2 采用应力裂缝宽度模型，描述 UHPC 的软化行为，裂缝宽度与应变应符合下列规定：

$$\varepsilon_{\mathrm{Ut}}=\frac{w_{\mathrm{Ut}}}{l_{\mathrm{u}}} \quad (3.2.6\text{-}1)$$

$$l_{\mathrm{U}}=\frac{2}{3}h_{\mathrm{U}} \quad (3.2.6\text{-}2)$$

式中：l_{U} ——UHPC 构件或 UHPC 层的裂缝计算长度(mm)；

h_{U} ——UHPC 构件或 UHPC 层的厚度(mm)；

w_{Ut} ——UHPC 构件或 UHPC 层的裂缝张开宽度(mm)，$w_{\mathrm{Ut,max}}$ 可取最长纤维长度的 1/2。

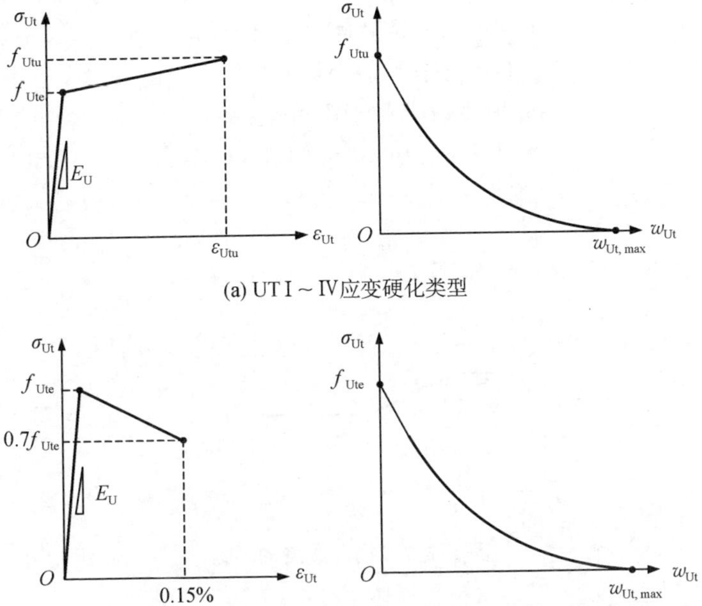

图 3.2.6　UHPC 应变硬化和应变软化特性

3.2.7　UHPC 的弹性抗拉强度设计值及抗拉强度设计值应按下列公式进行计算：

$$f_{\mathrm{Uted}}=\frac{\eta_{\mathrm{hU}}\cdot\eta_{\mathrm{k}}\cdot f_{\mathrm{Utek}}}{\gamma_{\mathrm{U}}}\tag{3.2.7-1}$$

$$f_{\mathrm{Utud}}=\frac{\eta_{\mathrm{hU}}\cdot\eta_{\mathrm{k}}\cdot f_{\mathrm{Utuk}}}{\gamma_{\mathrm{U}}}\tag{3.2.7-2}$$

式中：f_{Uted}——UHPC 弹性抗拉强度设计值(MPa)。

f_{Utek}——UHPC 弹性抗拉强度标准值(MPa)。

f_{Utud}——UHPC 抗拉强度设计值(MPa)。

f_{Utuk}——UHPC 抗拉强度标准值(MPa)。

η_k ——与构件尺寸和制造工艺相关的系数。采用 UHPC 进行整体计算分析时，$\eta_k = 1.0$；采用 UHPC 进行局部计算分析时，$\eta_k = 0.85$。

γ_U ——分项系数。对于不配筋结构，$\gamma_U = 1.4$；对于配筋 UHPC 和预应力 UHPC 结构，$\gamma_U = 1.3$。

η_{hU} ——纤维分布方向上构件厚度的影响系数，按图 3.2.7 取值。

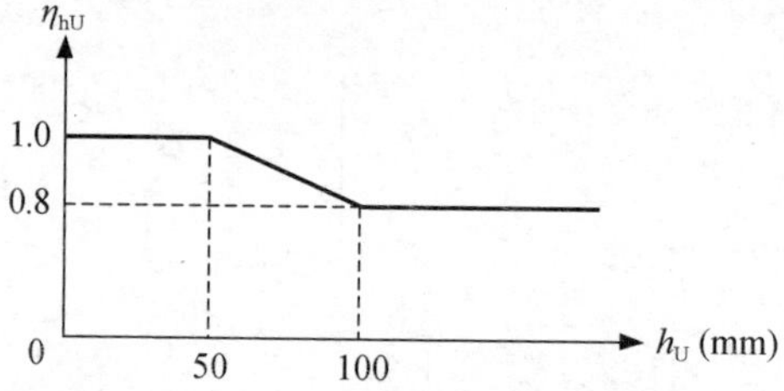

图 3.2.7　构件厚度的系数

3.2.8　UHPC 受压或受拉时的弹性模量宜按表 3.2.8 采用。当有可靠试验依据时，可按实测数据确定，试验方法应符合现行国家标准《活性粉末混凝土》GB/T 31387 的规定。

表 3.2.8　UHPC 弹性模量

强度等级	UC 120	UC 140	UC 160	UC 180	UC 200
E_{Uc} ($\times 10^4$ MPa)	4.2	4.5	4.8	5.1	5.4

3.2.9　UHPC 的剪切变形模量 G_U 可按表 3.2.8 中 E_{Uc} 值的 0.4 倍采用，UHPC 泊松比 μ 可采用 0.2。

3.2.10　UHPC 徐变应变应符合下列规定：

1　当 UHPC 的压应力不大于 40% f_{Ucuk} 或 UHPC 拉应力不大于 f_{Ute} 时，由于徐变产生的应变应按下列公式计算：

$$\varepsilon_{Ucc}(t) = \varphi_U(t, t_0) \cdot \varepsilon_{Uel} \qquad (3.2.10\text{-}1)$$

$$\varphi_U(t, t_0) = \varphi_{U,\infty}(t_\infty, t_0) \cdot \frac{(t-t_0)^a}{(t-t_0)^a + b} \tag{3.2.10-2}$$

式中：ε_{Ucc} ——UHPC 的徐变应变；

ε_{Uel} ——UHPC 的弹性应变；

t_0 ——加载龄期(d)；

t ——龄期(d)。

最终徐变系数 $\varphi_{U,\infty}(t_\infty, t_0)$ 和系数 a、b 可按表 3.2.10 采用。

表 3.2.10　最终徐变系数和系数 *a*、*b*

t_0(d)	养护条件	$\varphi_{U,\infty}(t_\infty, t_0)$	a	b
4	常温养护	1.2	0.6	3.2
7		1.0	0.6	4.5
28		0.9	0.6	10
—	蒸汽养护	0.3	0.6	10

2　当 UHPC 的压应力大于 40% f_{Ucuk} 或 UHPC 拉应力大于 f_{Ute} 时，应考虑荷载水平对徐变的影响。

3.2.11　UHPC 的收缩应符合下列规定：

1　采用常温养护时，UHPC 总收缩值可根据龄期按下式计算：

$$\varepsilon_{Us}(t) = \varepsilon_{Us\infty} \cdot e^{-\left(\frac{2.48}{\sqrt{t-0.86}}\right)} \tag{3.2.11-1}$$

式中：ε_{Us} ——UHPC 的总收缩值；

$\varepsilon_{Us\infty}$ ——UHPC 的最终收缩应变值，未采取收缩补偿措施时，可取 0.6‰～0.8‰；

t ——龄期(d)。

2　采用蒸汽养护时，UHPC 总收缩值可按下式计算：

$$\varepsilon_{\mathrm{Us}}(t)=\begin{cases}\dfrac{\varepsilon_{\mathrm{Us}\infty}}{2}\cdot t & (t\leqslant 2)\\ \varepsilon_{\mathrm{Us}\infty} & (t>2)\end{cases} \tag{3.2.11-2}$$

式中：$\varepsilon_{\mathrm{Us}\infty}$ ——UHPC 的最终收缩应变值，可取 0.5‰。

3.2.12 当采用外加剂或其他措施来降低 UHPC 收缩值时，UHPC 收缩值应根据实测值进行确定。

3.2.13 应变硬化 UHPC 在拉力作用下容许疲劳强度可按下式计算：

$$\sigma_{\mathrm{U,D}}=0.6\times\left(\frac{f_{\mathrm{Utek}}+f_{\mathrm{Utuk}}}{2}\right) \tag{3.2.13}$$

式中：f_{Utek} ——UHPC 弹性抗拉强度标准值，按表 3.2.5 取值；

f_{Utuk} ——UHPC 抗拉强度标准值，按表 3.2.5 取值。

3.2.14 UHPC 的扩展度、触变性等工作性能指标应根据现场施工工艺要求确定，应具有自密实性能，并满足桥梁结构纵横坡成型的施工要求。

4　超高性能混凝土结构设计基本规定

4.0.1　本标准采用以概率理论为基础的极限状态设计方法，应按分项系数的设计表达式进行设计。桥梁工程UHPC结构应进行承载能力极限状态及正常使用极限状态设计；两类极限状态设计要求及结构设计内容应符合现行行业标准《公路钢筋混凝土及预应力混凝土桥涵设计规范》JTG 3362的规定。

4.0.2　作用效应计算宜采用弹性理论，并应符合现行行业标准《公路钢筋混凝土及预应力混凝土桥涵设计规范》JTG 3362的规定。

4.0.3　桥梁工程UHPC结构的承载能力极限状态计算应采用下式：

$$\gamma_0 S_{ud} \leqslant R \tag{4.0.3}$$

式中：γ_0——桥梁的重要性系数，按结构设计安全等级，一级、二级、三级分别取用1.1、1.0、0.9，结构设计安全等级应符合现行行业标准《公路桥涵设计通用规范》JTG D60的规定；

S_{ud}——作用效应的组合设计值，对于汽车荷载效应应计入冲击系数；

R——构件承载能力设计值。

4.0.4　对桥梁工程UHPC结构进行截面承载力、整体稳定计算时，作用（或荷载）的效应组合应采用现行行业标准《公路桥涵设计通用规范》JTG D60的基本组合；当进行倾覆稳定性计算和疲劳验算时，作用的效应组合应采用标准组合。

4.0.5　受弯构件截面承载力验算应计入剪力滞效应的影响，

T 梁和箱梁翼缘的有效分布宽度应按现行行业标准《公路钢筋混凝土及预应力混凝土桥涵设计规范》JTG 3362 的规定执行。

4.0.6 桥梁工程 UHPC 结构计算应计入材料收缩、徐变的影响。计算 UHPC 徐变时，可假定徐变与 UHPC 应力呈线性关系。当缺乏符合当地实际条件的数据和计算方法时，徐变系数可按本标准第 3.2.11 条取用；UHPC 的收缩应变，可按本标准第 3.2.12 条取用。

4.0.7 UHPC 结构设计宜采用应变硬化类材料。结构计算时，配筋 UHPC（UT Ⅰ级以上）材料的本构关系如图 4.0.7 所示。UHPC 的抗拉强度设计值应按本标准第 3.2.7 条计算。

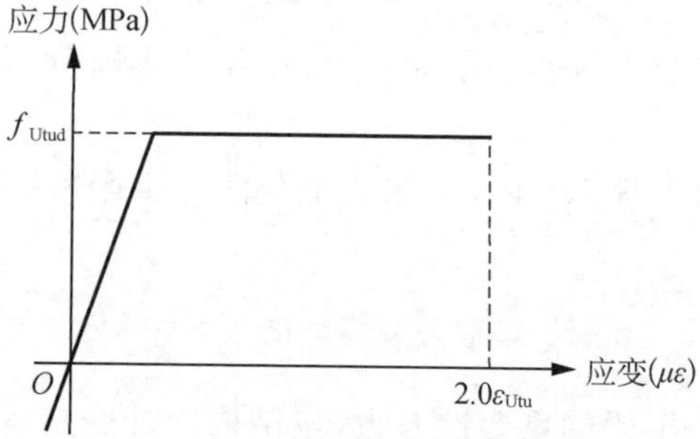

图 4.0.7 配筋 UHPC 本构关系图

4.0.8 桥梁工程 UHPC 结构计算应符合下列规定：

1 满足本标准材料性能和构造要求规定的桥梁工程 UHPC 结构可按普通钢筋混凝土及预应力混凝土桥梁结构计算作用效应。持久设计状况、短暂设计状况和偶然设计状况应按现行行业标准《公路桥涵设计通用规范》JTG D60 和《公路钢筋混凝土及预应力混凝土桥涵设计规范》JTG 3362 计算，地震设计状况应按照现行行业标准《公路桥梁抗震设计规范》JTG/T 2231—01 或《城市桥梁抗震设计规范》CJJ 166 计算。

2 UHPC 结构的承载力计算除计入受拉区钢筋及预应力钢

筋外，还应计入 UHPC 材料的贡献。计算受拉区 UHPC 材料承载力贡献值时，材料拉应力应按 f_{Utud} 计；当配筋 UHPC 材料拉应变超过 $2.0\varepsilon_{\mathrm{Utu}}$ 时，不应再计入 UHPC 材料的贡献。

3 UHPC 结构的承载力计算可采用本标准计算公式，也可采用计入材料非线性本构的有限元计算方法。

4 UHPC 结构受力分析时，无配筋 UHPC 材料的计算重度可取 26 kN/m^3，配筋 UHPC 材料计算重度应根据实际配筋率进行换算。

4.0.9 桥梁工程 UHPC 结构耐久性设计内容应符合现行行业标准《公路工程混凝土结构耐久性设计规范》JTG/T 3310 的规定。

4.0.10 桥梁工程 UHPC 结构及构件的设计使用年限应符合现行行业标准《公路工程技术标准》JTG B01 的规定。UHPC－钢组合桥面板结构中的 UHPC 层为结构层，设计使用年限应与桥梁主体结构一致。

4.0.11 桥梁工程 UHPC 结构所处环境类别应按现行行业标准《公路钢筋混凝土及预应力混凝土桥涵设计规范》JTG 3362 的规定确定。

4.0.12 桥梁工程 UHPC 结构及构件耐久性技术措施应符合现行行业标准《公路钢筋混凝土及预应力混凝土桥涵设计规范》JTG 3362 的规定，但钢筋的保护层厚度应满足本标准第 5.5.1、6.3.2、7.1.3 和 8.4.2 条的规定。

5 超高性能混凝土构件设计

5.1 一般规定

5.1.1 桥梁工程 UHPC 结构的持久状况设计应按承载能力极限状态的要求，对构件进行承载能力及稳定计算，必要时尚应进行结构的倾覆和滑移验算。在进行承载能力极限状态计算时，作用的效应应采用组合设计值，结构材料性能应采用强度设计值。

5.1.2 桥梁工程 UHPC 结构的持久状况设计应按正常使用极限状态的要求，采用作用频遇组合、作用准永久组合或作用频遇组合并考虑作用长期效应的影响，对构件的抗裂、裂缝宽度和挠度进行验算，并使各项计算值不超过本标准规定的各相应限值。在各种组合中，汽车荷载不计冲击系数。在预应力 UHPC 构件中，预应力应作为荷载计入，荷载分项系数取为 1.0。对连续梁等超静定结构，尚应计入由预应力、温度作用等引起的次效应。

5.1.3 UHPC 构件正截面承载力计算应基于下列基本假定：

1 构件弯曲后，截面仍应保持平面。

2 截面受拉区 UHPC 拉应变在不超过 2.0 倍极限拉应变（$2.0\varepsilon_{Utu}$）内应按 f_{Utud} 计入抗拉强度；拉应变超过 $2.0\varepsilon_{Utu}$ 的部分，不应计入抗拉强度对抗弯承载力的贡献。

3 UHPC 受弯构件、偏心受力构件正截面承载力计算时，受压区 UHPC 的应力图形为三角形分布，顶缘压应力最大值不应超过 f_{Ucd}。三角形分布的受压区高度 x_c 可由截面应变保持平面的假定的应变关系及内力平衡关系求出，且受压侧 UHPC 最大压应变不超过极限压应变 $\varepsilon_{Ucu}=0.0033$。

4 UHPC 与普通钢筋混凝土组合截面中，不应计入受拉区普通混凝土的抗拉强度；截面受压区普通混凝土压应力简化为矩形分布，极限状态压应力应为普通混凝土的抗压强度设计值。

5 纵向体内钢筋的应力等于钢筋应变与钢筋弹性模量的乘积，应力值应符合现行行业标准《公路钢筋混凝土及预应力混凝土桥涵设计规范》JTG 3362 的规定。

5.1.4 UHPC 受弯构件、偏心受力构件正截面承载力计算时，纵向受拉钢筋屈服与受压区 UHPC 破坏同时发生时的相对界限受压区高度 ξ_b 应按下列公式计算：

1 普通钢筋 UHPC 构件

$$\xi_b = \frac{1}{1 + \frac{f_{sd}}{E_s \varepsilon_{Ucu}}} \tag{5.1.4-1}$$

2 预应力 UHPC 构件

$$\xi_b = \frac{1}{1 + \frac{0.002}{\varepsilon_{Ucu}} + \frac{f_{pd} - \sigma_{p0}}{E_p \varepsilon_{Ucu}}} \tag{5.1.4-2}$$

式中：ξ_b——相对界限受压区高度，取 x_b/h_0；

x_b——界限受压区高度；

h_0——截面有效高度，纵向受拉钢筋合力点至截面受压边缘的距离；

E_s，E_p——普通钢筋、预应力钢筋弹性模量；

ε_{Ucu}——非均匀受压时的 UHPC 极限压应变，无进一步试验数据时，可取 0.0033；

σ_{p0}——纵向预应力钢筋合力点处 UHPC 法向应力等于零时预应力筋应力，按现行行业标准《公路钢筋混凝土及预应力混凝土桥涵设计规范》JTG 3362 的规定取值。

5.1.5 UHPC 受弯构件、偏心受力构件纵向钢筋应力按下列规定确定：

1 普通钢筋

$$\sigma_{si} = E_s \varepsilon_{Ucu}\left(\frac{h_{0i}}{x} - 1\right) \tag{5.1.5-1}$$

2 预应力钢筋

$$\sigma_{pi} = E_p \varepsilon_{Ucu}\left(\frac{h_{0i}}{x} - 1\right) + \sigma_{p0i} \tag{5.1.5-2}$$

3 按式(5.1.5-1)和式(5.1.5-2)计算的纵向钢筋应力应符合本标准第5.1.3条第5款的规定。

式中：h_{0i}——第i层纵向钢筋截面重心至截面受压边缘的距离；

x——UHPC受压区高度；

σ_{si}，σ_{pi}——第i层纵向普通钢筋、预应力钢筋的应力，正值代表拉应力，负值代表压应力；

σ_{p0i}——第i层纵向预应力钢筋截面重心处UHPC法向应力等于零时，预应力钢筋中的应力。

5.2 持久状况承载力极限状态计算

Ⅰ 轴心受力构件

5.2.1 UHPC轴心受拉构件的正截面抗拉承载力计算应符合下列规定：

1 仅设置普通钢筋的UHPC轴拉构件，正截面抗拉承载力应按下式计算：

$$\gamma_0 N_d \leqslant f_{sd} A_s + f_{Utud} A_U \tag{5.2.1-1}$$

2 同时设置预应力钢筋及普通钢筋的UHPC轴拉构件，正截面抗拉承载力应取下列两式的较大值：

$$\gamma_0 N_d \leqslant f_{sd} A_s + f_{pd} A_p \tag{5.2.1-2}$$

$$\gamma_0 N_d \leqslant f_{sd}A_s + \min(2.0\varepsilon_{Utu}E_p + \sigma_{p0},\ f_{pd})A_p + f_{Utud}A_U \tag{5.2.1-3}$$

式中：A_s，A_p，A_U——普通钢筋、预应力钢筋的全部截面面积和UHPC构件的截面净面积。

Ⅱ 受弯构件

5.2.2 矩形截面UHPC受弯构件的正截面抗弯承载力计算应符合下列规定：

1 矩形截面UHPC受弯构件仅配置纵向体内普通钢筋时，正截面抗弯承载力计算应符合图5.2.2-1的规定，构件抗弯承载力按式(5.2.2-1)计算：

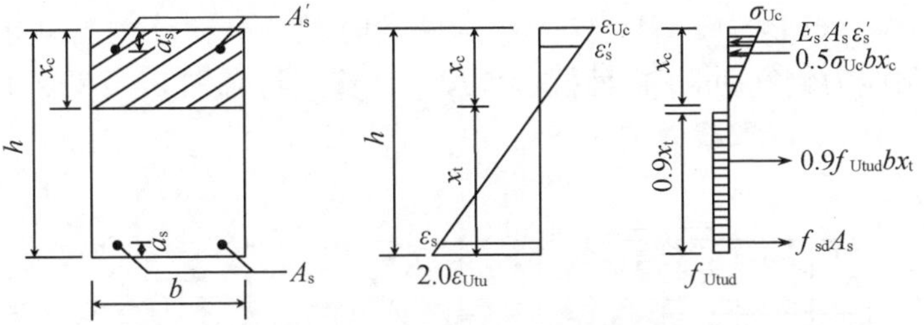

图5.2.2-1 配置纵向普通钢筋的矩形截面UHPC受弯构件正截面承载力计算

$$\gamma_0 M_d \leqslant f_{sd}A_s\left(h - a_s - \frac{x_c}{3}\right) + 0.9 f_{Utud} b x_t\left(0.55x_t + \frac{2x_c}{3}\right) + E_s A'_s \varepsilon'_s\left(\frac{x_c}{3} - a'_s\right) \tag{5.2.2-1}$$

上式中UHPC截面受压区高度x_c应按下式计算：

$$F_{Uc} + E_s A'_s \varepsilon'_s = F_{Ut} + f_{sd}A_s \tag{5.2.2-2}$$

其中：

$$F_{Uc}=0.5\sigma_{Uc}bx_c \tag{5.2.2-3}$$

$$\sigma_{Uc}=E_{Uc}\varepsilon_{Uc}\leqslant f_{Ucd} \tag{5.2.2-4}$$

$$F_{Ut}=0.9f_{Utud}bx_t \tag{5.2.2-5}$$

$$\varepsilon_{Uc}=\frac{x_c}{h-x_c}2.0\varepsilon_{Utu} \tag{5.2.2-6}$$

$$\varepsilon'_s=\frac{x_c-a'_s}{h-x_c}2.0\varepsilon_{Utu} \tag{5.2.2-7}$$

$$x_t=h-x_c \tag{5.2.2-8}$$

截面受压区高度应符合下式要求：

$$x_c<\xi_b h_0 \tag{5.2.2-9}$$

2 矩形截面 UHPC 受弯构件同时配置纵向体内普通钢筋及预应力钢筋时，正截面抗弯承载力计算应符合图 5.2.2-2 的规定，构件抗弯承载力按式(5.2.2-10)计算：

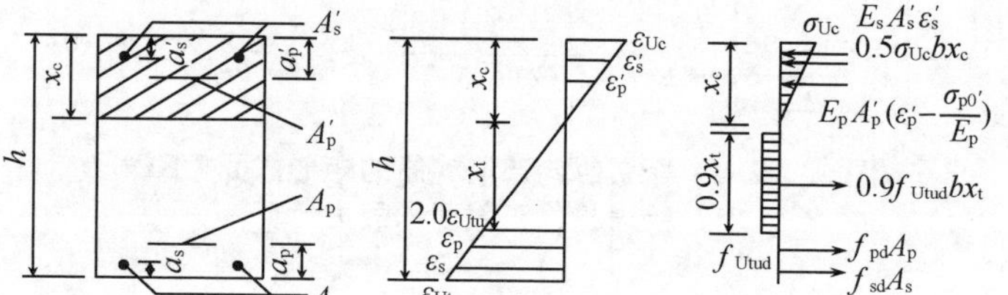

图 5.2.2-2 配置纵向普通钢筋及预应力钢筋的矩形截面 UHPC 受弯构件正截面承载力计算

$$\gamma_0 M_d\leqslant f_{sd}A_s(h-a_s-a'_p)+f_{pd}A_p(h-a_p-a'_p)+0.9f_{Utud}bx_t(0.45x_t+x_c-a'_p)-\frac{1}{2}\sigma_{Uc}bx_c\left(\frac{1}{3}x_c-a'_p\right)-E_sA'_s\varepsilon'_s(a'_s-a'_p) \tag{5.2.2-10}$$

上式中 UHPC 截面受压区高度 x_c 应按下式计算：

$$F_{Uc}+E_sA'_s\varepsilon'_s+E_pA'_p\left(\varepsilon'_p-\frac{\sigma'_{p0}}{E_p}\right)=F_{Ut}+f_{pd}A_p+f_{sd}A_s \tag{5.2.2-11}$$

其中：

$$F_{Uc}=0.5\sigma_{Uc}bx_c \tag{5.2.2-12}$$

$$\sigma_{Uc}=E_{Uc}\varepsilon_{Uc}\leqslant f_{Ucd} \tag{5.2.2-13}$$

$$F_{Ut}=0.9f_{Utud}bx_t \tag{5.2.2-14}$$

$$\varepsilon_p=\frac{f_{pd}-\sigma_{p0}}{E_p} \tag{5.2.2-15}$$

$$\varepsilon_{Ut}=\frac{h-x_c}{h-x_c-a_p}\varepsilon_p\geqslant 2.0\varepsilon_{Utu} \tag{5.2.2-16}$$

$$\varepsilon'_s=\frac{x_c-a'_s}{h-x_c}\varepsilon_{Ut} \tag{5.2.2-17}$$

$$\varepsilon'_p=\frac{x_c-a'_p}{h-x_c}\varepsilon_{Ut} \tag{5.2.2-18}$$

$$\varepsilon_{Uc}=\frac{x_c}{h-x_c}\varepsilon_{Ut} \tag{5.2.2-19}$$

$$x_t=\frac{2.0\varepsilon_{Utu}}{\varepsilon_{Ut}}(h-x_c) \tag{5.2.2-20}$$

截面受压区高度应符合下式要求：

$$x_c<\xi_b h_0 \tag{5.2.2-21}$$

式中： γ_0——桥梁的重要性系数，按本标准第 4.0.3 条的规定采用；

M_d——弯矩设计值；

F_{Uc}——受压区 UHPC 的压应力合力；

F_{Ut}——受拉区 UHPC 的拉应力合力；

f_{Utud}——UHPC 的抗拉强度设计值；

f_{Ucd}——UHPC 的抗压强度设计值；

ε_{Utu}——UHPC 的极限拉应变；

E_s——普通钢筋的弹性模量；

f_{sd}——普通钢筋抗拉强度设计值；

A_s，A'_s——构件受拉区、受压区纵向普通钢筋的截面面积；

b——矩形截面宽度；

x_c——截面受压区高度；

h——截面高度；

a_s，a'_s——构件受拉区、受压区纵向普通钢筋重心的到截面受拉边缘的距离；

x_t——UHPC 构件拉应变小于 $2.0\varepsilon_{Utu}$ 的受拉区高度；

E_p——纵向预应力钢筋的弹性模量；

f_{pd}——预应力钢筋抗拉强度设计值；

A_p，A'_p——构件受拉区、受压区纵向预应力钢筋的截面面积；

a_p，a'_p——构件受拉区、受压区纵向预应力钢筋合力点到截面受拉边缘的距离；

ε_p——受拉区预应力钢筋屈服时，受拉区纵向预应力钢筋合力点处 UHPC 的应变；

ε_{Ut}——受拉区预应力钢筋屈服时，构件截面受拉边缘 UHPC 的应变；

ε_{Uc}——截面达到抗弯承载力极限时，构件截面受压边缘 UHPC 的应变；

ε'_s——截面达到抗弯承载力极限时，构件受压区纵向普通钢筋合力点处 UHPC 的应变；

ε'_p——截面达到抗弯承载力极限时，构件受压区纵向预应力钢筋合力点处 UHPC 的应变；

σ_{p0} ——受拉区预应力钢筋合力点处 UHPC 法向应力等于零时预应力钢筋的应力；

σ'_{p0} ——受压区预应力钢筋合力点处 UHPC 法向应力等于零时预应力钢筋的应力；

σ_{Uc} ——截面达到抗弯承载力极限时，构件截面受压边缘 UHPC 的应力。

5.2.3 工字形截面 UHPC 受弯构件采用纵向体内普通钢筋及预应力钢筋时，正截面抗弯承载力计算应符合图 5.2.3 规定。

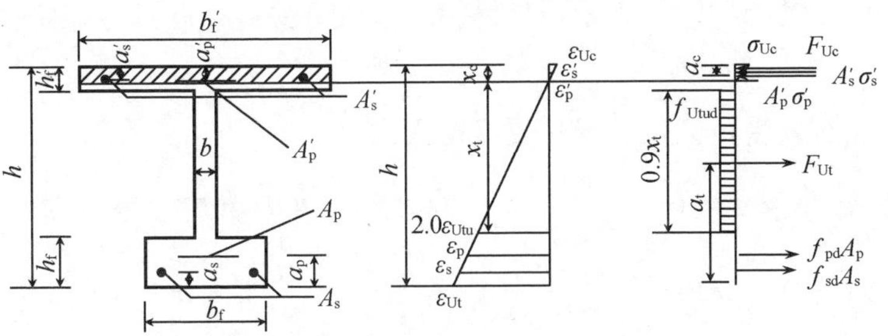

（情形a：受压区位于上翼缘内）

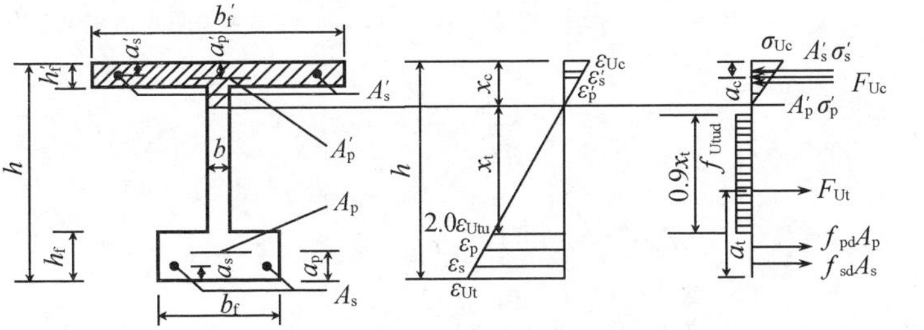

（情形b：受压区位于腹板内）

图 5.2.3 工字形截面 UHPC 受弯构件正截面承载力计算

1 情形 a：受压区位于上翼缘内

$$\gamma_0 M_d \leqslant f_{sd} A_s (h - a_c - a_s) + f_{pd} A_p (h - a_c - a_p) +$$

$$f_{\mathrm{Utud}}A_{\mathrm{Ut}}(h-a_{\mathrm{c}}-a_{\mathrm{t}})-\sigma'_{\mathrm{s}}A'_{\mathrm{s}}(a'_{\mathrm{s}}-a_{\mathrm{c}})-\sigma'_{\mathrm{p}}A'_{\mathrm{p}}(a'_{\mathrm{p}}-a_{\mathrm{c}}) \tag{5.2.3-1}$$

UHPC 截面受压区高度 x_{c} 按下列公式计算：

$$F_{\mathrm{Uc}}+\sigma'_{\mathrm{s}}A'_{\mathrm{s}}+\sigma'_{\mathrm{p}}A'_{\mathrm{p}}=F_{\mathrm{Ut}}+f_{\mathrm{pd}}A_{\mathrm{p}}+f_{\mathrm{sd}}A_{\mathrm{s}} \tag{5.2.3-2}$$

其中：

$$F_{\mathrm{Uc}}=0.5\sigma_{\mathrm{Uc}}b'_{\mathrm{f}}x_{\mathrm{c}} \tag{5.2.3-3}$$

$$F_{\mathrm{Ut}}=f_{\mathrm{Utud}}A_{\mathrm{Ut}} \tag{5.2.3-4}$$

有效受拉区位于腹板范围内：

$$A_{\mathrm{Ut}}=0.9bx_{\mathrm{t}} \tag{5.2.3-5}$$

有效受拉区位于受拉翼缘范围内：

$$A_{\mathrm{Ut}}=0.9bx_{\mathrm{t}}+(x_{\mathrm{c}}+x_{\mathrm{t}}+h_{\mathrm{f}}-h)b_{\mathrm{f}} \tag{5.2.3-6}$$

$$x_{\mathrm{t}}=\frac{2.0\varepsilon_{\mathrm{Utu}}E_{\mathrm{p}}}{f_{\mathrm{pd}}-\sigma_{\mathrm{p0}}}(h-a_{\mathrm{p}}-x_{\mathrm{c}})\leqslant h-x_{\mathrm{c}} \tag{5.2.3-7}$$

$$\sigma_{\mathrm{Uc}}=E_{\mathrm{Uc}}\varepsilon_{\mathrm{Uc}}=E_{\mathrm{Uc}}\frac{2.0\varepsilon_{\mathrm{Utu}}x_{\mathrm{c}}}{x_{\mathrm{t}}}\leqslant f_{\mathrm{Ucd}} \tag{5.2.3-8}$$

$$\sigma'_{\mathrm{s}}=\frac{2.0\varepsilon_{\mathrm{Utu}}E_{\mathrm{s}}}{x_{\mathrm{t}}}(x_{\mathrm{c}}-a'_{\mathrm{s}}) \tag{5.2.3-9}$$

$$\sigma'_{\mathrm{p}}=\frac{2.0\varepsilon_{\mathrm{Utu}}E_{\mathrm{p}}}{x_{\mathrm{t}}}(x_{\mathrm{c}}-a'_{\mathrm{p}})-\sigma'_{\mathrm{p0}} \tag{5.2.3-10}$$

式中：b ——工字形截面腹板宽度；

b_{f} ——工字形截面受拉翼缘宽度；

b'_{f} ——工字形截面受压翼缘宽度；

h_{f} ——工字形截面受拉翼缘高度；

h'_{f} ——工字形截面受压翼缘高度；

a_{c} ——截面受压区 UHPC 压应力合力重心距离受压边缘

的距离；

a_t ——UHPC 构件有效受拉区合力重心距受拉边缘的距离；

A_{Ut} ——UHPC 构件有效受拉区面积。

2 情形 b:受压区位于腹板内

正截面抗弯承载力计算同式(5.2.3-1)所示，构件 UHPC 截面受压区高度 x_c 应按式(5.2.3-2)计算，其中 F_{Uc} 计算按式(5.2.3-3)进行，其余分项计算同情形 a。

$$F_{Uc}=\frac{(b'_f-b)(2x_c-h'_f)\sigma_{Uc}}{2x_c}+0.5bx_c\sigma_{Uc} \qquad (5.2.3\text{-}11)$$

5.2.4 工字形截面 UHPC 与普通钢筋混凝土桥面板(简称 RC 桥面板)组成的 UHPC-RC 组合梁采用纵向体内普通钢筋及预应力钢筋时，正截面抗弯承载力计算应符合图 5.2.4 规定。

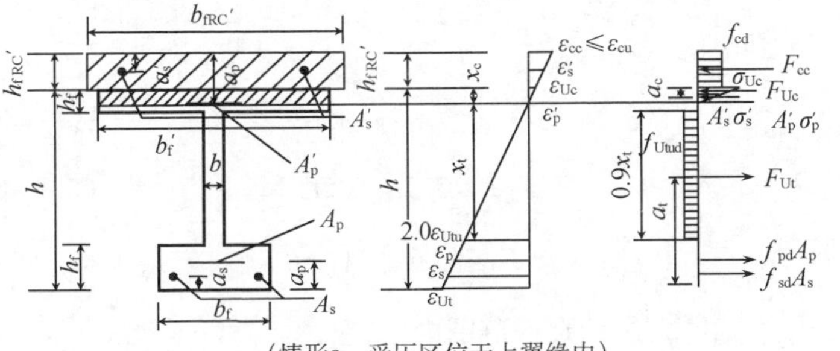

（情形a：受压区位于上翼缘内）

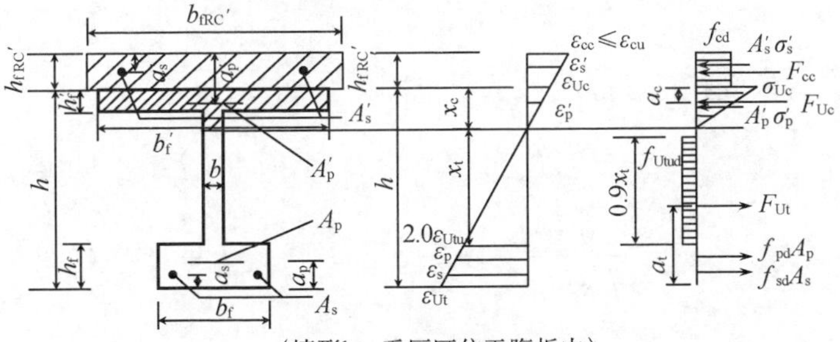

（情形b：受压区位于腹板内）

图 5.2.4 UHPC-RC 组合梁正截面承载力计算

1 情形 a:受压区位于上翼缘内

$$\gamma_0 M_d \leqslant b'_{fRC}h'_{fRC}f_{cd}\left(\frac{h'_{fRC}}{2}+a_c\right)+\sigma'_s A'_s(h'_{fRC}-a'_s+a_c)-\sigma'_p A'_p(a'_p-h'_{fRC}-a_c)+f_{sd}A_s(h-a_c-a_s)+f_{pd}A_p(h-a_c-a_p)+f_{Utud}A_{Ut}(h-a_c-a_t) \quad (5.2.4\text{-}1)$$

组合截面受压区高度

$$x=h'_{fRC}+x_c \quad (5.2.4\text{-}2)$$

其中 x_c 按下列公式计算:

$$F_{cc}+F_{Uc}+\sigma'_s A'_s+\sigma'_p A'_p=F_{Ut}+f_{pd}A_p+f_{sd}A_s \quad (5.2.4\text{-}3)$$

其中:

$$F_{cc}=f_{cd}b'_{fRC}h'_{fRC} \quad (5.2.4\text{-}4)$$

$$F_{Uc}=0.5\sigma_{Uc}b'_f x_c \quad (5.2.4\text{-}5)$$

$$F_{Ut}=f_{Utud}A_{Ut} \quad (5.2.4\text{-}6)$$

有效受拉区位于腹板范围内:

$$A_{Ut}=0.9bx_t \quad (5.2.4\text{-}7)$$

有效受拉区位于受拉翼缘范围内:

$$A_{Ut}=0.9bx_t+(x_c+x_t+h_f-h)b_f \quad (5.2.4\text{-}8)$$

$$x_t=\frac{2.0\varepsilon_{Utu}E_p}{f_{pd}-\sigma_{p0}}(h-a_p-x_c)\leqslant h-x_c \quad (5.2.4\text{-}9)$$

$$\sigma_{Uc}=E_{Uc}\varepsilon_{Uc}=E_{Uc}\frac{2.0\varepsilon_{Utu}x_c}{x_t}\leqslant f_{Ucd} \quad (5.2.4\text{-}10)$$

$$\sigma'_{s}=\frac{2.0\varepsilon_{Utu}E_{s}}{x_{t}}(h'_{fRC}+x_{c}-a'_{s}) \tag{5.2.4-11}$$

$$\sigma'_{p}=\frac{2.0\varepsilon_{Utu}E_{p}}{x_{t}}(x_{c}-a'_{p})-\sigma'_{p0} \tag{5.2.4-12}$$

式中：F_{cc} ——受压区 RC 桥面板的压应力合力；

f_{cd} ——受压区 RC 桥面板混凝土的抗拉强度设计值；

b'_{fRC} ——RC 桥面板宽度；

h'_{fRC} ——RC 桥面板高度；

x ——UHPC-RC 组合梁截面受压区高度；

a_{c} ——组合截面中 UHPC 梁受压区压应力合力重心距离 UHPC 梁受压边缘的距离；

a_{t} ——UHPC 构件有效受拉区合力重心距受拉边缘的距离。

2 情形 b:受压区位于腹板内

正截面抗弯承载力计算同式(5.2.4-1)所示，其中 F_{Uc} 计算应按式(5.2.4-13)进行，其余分项计算同情形 a。

$$F_{Uc}=\frac{(b'_{f}-b)(2x_{c}-h'_{f})\sigma_{Uc}}{2x_{c}}+0.5bx_{c}\sigma_{Uc} \tag{5.2.4-13}$$

5.2.5 UHPC 构件斜截面抗剪承载力应按下列公式计算：

$$V_{Rd}=V_{Rd,U}+V_{Rd,s}+V_{Rd,P} \tag{5.2.5-1}$$

$$V_{Rd,U}=\frac{b\cdot z\cdot 0.5(f_{Uted}+f_{Utud})}{\tan\alpha} \tag{5.2.5-2}$$

$$V_{Rd,s}=\frac{A_{sv}}{s_{v}}\cdot z\cdot f_{sd}\cdot(\cot\alpha+\cot\beta)\sin\beta \tag{5.2.5-3}$$

$$V_{Rd,P}=A_{P}\cdot f_{pd}\cdot\sin\gamma \tag{5.2.5-4}$$

式中： V_{Rd} ——抗剪承载力设计值；

$V_{Rd,U}$ ——UHPC 基体的抗剪承载力；

$V_{Rd,s}$ ——箍筋提供的抗剪承载力；

$V_{Rd,P}$ ——预应力钢筋提供的抗剪承载力；

b ——腹板宽度；

z ——外力杠杆臂，取 $z=0.9\times7/8h$，h 为试件高度；

f_{Uted} ——UHPC 的弹性抗拉强度设计值；

f_{Utud} ——UHPC 的抗拉强度设计值；

α ——应力场倾角，近似等于裂缝发展方向与梁轴线的夹角，取 25°～45°；

A_{sv} ——箍筋面积；

s_v ——箍筋间距；

A_P ——预应力钢筋面积；

f_{sd} ——箍筋或纵筋强度设计值；

f_{pd} ——预应力钢筋强度设计值；

β ——箍筋或纵筋的倾角；

γ ——预应力钢筋的倾角。

Ⅲ 偏心受力构件

5.2.6 矩形截面偏心受压构件正截面承载力计算应符合下列规定：

1 计算图示及公式如下：

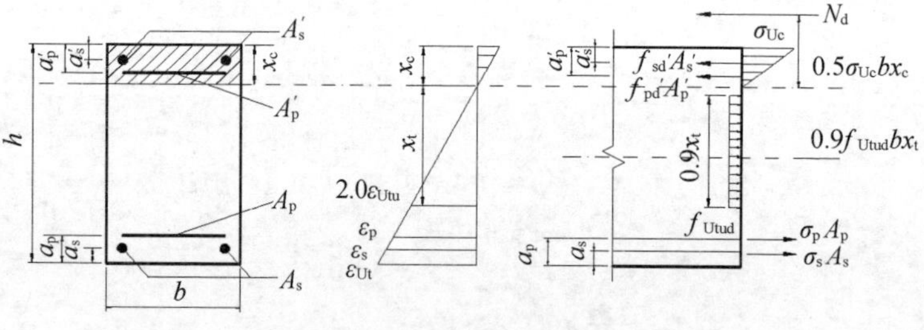

图 5.2.6 矩形截面偏心受压构件正截面抗压承载力计算

$$\gamma_0 N_d \leqslant 0.5\sigma_{Uc}bx_c + \sigma'_s A'_s + \sigma'_p A'_p - \sigma_p A_p - \sigma_s A_s - 0.9x_t b f_{Utud} \tag{5.2.6-1}$$

$$\gamma_0 N_d e \leqslant 0.5\sigma_{Uc}bx_c\left(h_0 - \frac{x_c}{3}\right) + \sigma'_s A'_s(h_0 - a'_s) + \sigma'_p A'_p(h_0 - a'_p) - 0.9x_t b f_{Utud}\left(h_0 - x_c - \frac{x_t}{2}\right) \tag{5.2.6-2}$$

$$e = \eta e_0 + h/2 - a \tag{5.2.6-3}$$

2 按本条规定计算时，尚应符合下列要求：

1）当相对受压区高度 $\xi = x_c/h_0$ 不大于 ξ_b 时，为大偏心受压构件，取 $\sigma_s = f_{sd}$、$\sigma_p = f_{pd}$，σ_{Uc}、σ'_s、σ'_p、x_t 按式(5.2.2-12)～式(5.2.2-20)计算；截面受压区高度 x_c 尚应符合下列规定：

（1）当受压区配有纵向普通钢筋和预应力钢筋，且预应力钢筋受压，即（$f'_{pd} - \sigma'_{p0}$）为正时

$$x_c \geqslant 2a' \tag{5.2.6-4}$$

（2）当受压区仅配有纵向普通钢筋，或配有普通钢筋和预应力钢筋且预应力钢筋受拉，即（$f'_{pd} - \sigma'_{p0}$）为负时

$$x_c \geqslant 2a'_s \tag{5.2.6-5}$$

截面受拉区高度 x_t 应符合下式规定：

$$x_t \leqslant h - x_c \tag{5.2.6-6}$$

2）当相对受压区高度 $\xi = x_c/h_0$ 大于 ξ_b 时，为小偏心受压构件，取 $\sigma_{uc} = f_{ucd}$，σ_s、σ_p 按本标准第 5.1.5 条计算；

σ'_s、σ'_p、x_t 应按下式计算：

$$x_t = \frac{2.0\varepsilon_{Utu}}{\varepsilon_{cu}} x_c \leqslant h - x_c \tag{5.2.6-7}$$

$$\sigma'_s = \frac{\varepsilon_{cu} E_s}{x_c}(x_c - a'_s) \leqslant f'_{sd} \tag{5.2.6-8}$$

$$\sigma'_p = \frac{\varepsilon_{cu} E_p}{x_c}(x_c - a'_s) - \sigma'_{p0} \tag{5.2.6-9}$$

3 对长细比 $l_0/i > 17.5$ 的构件，应计入偏心受压构件的轴向力承载能力极限状态偏心距增大系数 η，按下式计算：

$$\eta = 1 + \frac{1}{1\,300 e_0/h_0}\left(\frac{l_0}{h}\right)^2 \xi_1 \xi_2 \tag{5.2.6-10}$$

$$\xi_1 = 0.2 + 2.7\frac{e_0}{h_0} \leqslant 1.0 \tag{5.2.6-11}$$

$$\xi_1 = 1.15 - 0.01\frac{l_0}{h} \leqslant 1.0 \tag{5.2.6-12}$$

式中：γ_0——桥梁的重要性系数，按本标准第 4.0.3 条的规定采用；

N_d——轴力设计值；

e_0——轴力对截面重心轴的偏心距，$e_0 = M_d/N_d$，不小于 20 mm 和偏压方向构件截面最大尺寸的 1/30 二者之间的较大值；

e——轴力作用点至截面受拉边或受压较小边纵向钢筋 A_s 和 A_p 合力点的距离；

x_t——UHPC 构件拉应变小于 $2.0\varepsilon_{Utu}$ 的受拉区高度；

M_d——相应于轴力的弯矩设计值；

η——偏心距增大系数；

f_{Utud}——UHPC 的抗拉强度设计值；

f_{Ucd}——UHPC 的抗压强度设计值；

$\varepsilon_{\mathrm{Utu}}$——UHPC 的极限拉应变；

f_{sd}，f'_{sd}——普通钢筋抗拉、抗压强度设计值；

f_{pd}，f'_{pd}——预应力钢筋抗拉、抗压强度设计值；

E_{p}——构件受拉区纵向预应力钢筋的弹性模量；

b——矩形截面宽度；

x_{c}——截面受压区高度；

h——截面高度；

h_0——截面有效高度；

a'_{p}，a_{p}——构件受压区、受拉区纵向预应力钢筋重心的到截面受压边缘、受拉边缘的距离；

a'_{s}，a_{s}——构件受压区、受拉区纵向普通钢筋重心的到截面受压边缘、受拉边缘的距离；

A'_{s}，A_{s}——构件受压区及受拉区纵向普通钢筋的截面面积；

A'_{p}，A_{p}——构件受压区及受拉区纵向预应力钢筋的截面面积；

σ_{s}，σ_{p}——受拉侧或受压较小侧普通钢筋、预应力钢筋应力值，按本标准第 5.2.6 条第 2 款的规定取用；

σ_{p0}，σ'_{p0}——受拉区、受压区纵向预应力钢筋合力点处 UHPC 法向应力等于零时预应力筋应力，按现行行业标准《公路钢筋混凝土及预应力混凝土桥涵设计规范》JTG 3362 的规定取值；

ξ_1——荷载偏心率对截面曲率的影响系数；

ξ_2——构件长细比对截面曲率的影响系数。

5.2.7 矩形截面偏心受拉构件的正截面抗拉承载力应符合下列规定：

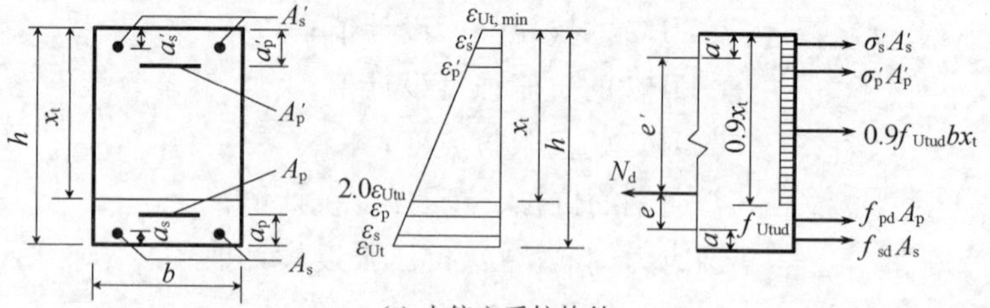

(a) 小偏心受拉构件

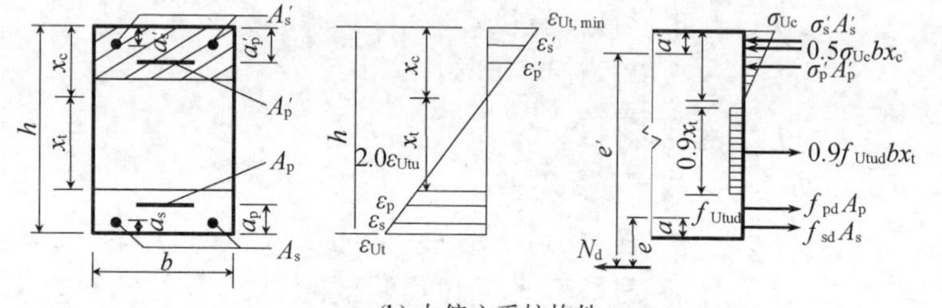

(b) 大偏心受拉构件

图 5.2.7 矩形截面偏心受拉构件正截面抗拉承载力计算

1 小偏心受拉构件

当轴向拉力作用在钢筋 A_s、A_p 的合力点和 A'_s、A'_p 的合力点之间时：

$$\gamma_0 N_d \leqslant f_{sd} A_s + f_{pd} A_p + \sigma'_s A'_s + \sigma'_p A'_p + 0.9 x_t b f_{Utud} \tag{5.2.7-1}$$

$$\gamma_0 N_d e' \leqslant f_{sd} A_s (h'_0 - a_s) + f_{pd} A_p (h'_0 - a_p) + 0.9 x_t b f_{Utud} \left(\frac{x_t}{2} - a' \right) \tag{5.2.7-2}$$

$$\gamma_0 N_d e \leqslant \sigma'_s A'_s (h_0 - a'_s) + \sigma'_p A'_p (h_0 - a'_p) + 0.9 x_t b f_{Utud} \left(h_0 - \frac{x_t}{2} - a \right) \tag{5.2.7-3}$$

2 大偏心受拉构件

当轴向拉力不作用在钢筋 A_s、A_p 的合力点和 A'_s、A'_p 的合力点之间时，UHPC 受压区的高度尚应满足本标准第 5.1.4 条的要求。

$$\gamma_0 N_d \leqslant f_{sd}A_s + f_{pd}A_p - \sigma'_s A'_s - \sigma'_p A'_p + 0.9x_t b f_{Utud} - 0.5bx_c\sigma_{Uc} \tag{5.2.7-4}$$

$$\gamma_0 N_d e' \leqslant f_{sd}A_s(h'_0 - a_s) + f_{pd}A_p(h'_0 - a_p) + 0.9x_t b f_{Utud}(0.55x_t - a') - 0.5\sigma_{Uc}bx_c\left(\frac{x_c}{3} - a'\right) \tag{5.2.7-5}$$

式中：a，a'——构件受拉区、受压区普通钢筋和预应力筋合力点至截面近边的距离；

h'_0——纵向受压钢筋合力点至截面受拉边缘的距离。

Ⅳ 疲劳强度验算

5.2.8 UHPC 构件疲劳验算时，应对正截面受拉区边缘纤维的 UHPC 拉应力进行验算；UHPC 应力计算可采用名义应力法，按线弹性状态计算。疲劳荷载的计算模型应符合现行行业标准《公路桥涵设计通用规范》JTG D60 的规定。

5.2.9 UHPC 疲劳验算时，受拉区边缘纤维的应力应按下式进行验算：

$$\sigma^{f}_{t,max} \leqslant \sigma_{U,D} \tag{5.2.9}$$

式中：$\sigma^{f}_{t,max}$——疲劳验算时 UHPC 截面受拉区边缘纤维的最大拉应力；

$\sigma_{U,D}$——UHPC 名义疲劳弯拉应力允许值，按本标准第 3.2.14 条计算。

5.3 持久状况正常使用极限状态计算

Ⅰ 预应力钢筋应力及损失计算

5.3.1 预应力 UHPC 构件,预应力钢筋的张拉控制应力值 σ_{con}(对后张法构件为梁体内锚下应力)应符合现行行业标准《公路钢筋混凝土及预应力混凝土桥涵设计规范》JTG 3362 的规定。

5.3.2 当计算构件由作用引起的应力或进行弹性阶段其他计算时,预应力钢筋对截面几何特征的影响应符合现行行业标准《公路钢筋混凝土及预应力混凝土桥涵设计规范》JTG 3362 的规定。

5.3.3 正常使用极限状态计算中,预应力损失的计算应符合现行行业标准《公路钢筋混凝土及预应力混凝土桥涵设计规范》JTG 3362 的规定。其中,收缩、徐变引起的预应力损失计算参数应符合本标准第 3.2.11 和第 3.2.12 条的规定。

Ⅱ 抗裂验算及裂缝宽度验算

5.3.4 按持久状况设计的预应力 UHPC 受弯构件,应计算使用阶段正截面混凝土的法向压应力、受拉区钢筋的拉应力和斜截面混凝土的主压应力,其限值应符合现行行业标准《公路钢筋混凝土及预应力混凝土桥涵设计规范》JTG 3362 的规定,并将 f_{ck} 替换为 f_{Uck}。计算时,作用(荷载)取标准值,汽车荷载应计入冲击系数,并应计入预加力效应,预加力的分项系数取为 1.0。对连续梁等超静定结构,尚应计入预加力、温度作用等引起的次效应。

5.3.5 预应力 UHPC 受弯构件进行正截面拉应力计算应符合下列规定:

1 A 类预应力 UHPC 受弯构件截面受拉边缘的拉应力应按下式计算:

$$\sigma_{st} - \sigma_{pc} \leqslant 0.6 f_{Utek} \qquad (5.3.5)$$

式中：σ_{st} ——在作用频遇组合下构件抗裂验算边缘 UHPC 的法向拉应力，按现行行业标准《公路钢筋混凝土及预应力混凝土桥涵设计规范》JTG 3362 的规定计算；

σ_{pc} ——扣除全部预应力损失后的预加力在构件抗裂验算边缘产生的 UHPC 预压应力按现行行业标准《公路钢筋混凝土及预应力混凝土桥涵设计规范》JTG 3362 的规定计算；

f_{Utek} ——UHPC 的弹性抗拉强度标准值。

2 B 类预应力 UHPC 受弯构件在结构自重作用下控制截面受拉边缘不得消压。

5.3.6 A 类和 B 类预应力 UHPC 受弯构件斜截面主拉应力应符合下列规定：

1 预制构件

$$\sigma_{tp} \leqslant 0.6 f_{Utek} \tag{5.3.6-1}$$

2 现场浇筑构件

$$\sigma_{tp} \leqslant 0.5 f_{Utek} \tag{5.3.6-2}$$

式中：σ_{tp} ——在作用频遇组合和预加力产生的 UHPC 主拉应力，按现行行业标准《公路钢筋混凝土及预应力混凝土桥涵设计规范》JTG 3362 的规定计算；

f_{Utek} ——UHPC 的弹性抗拉强度标准值。

5.3.7 按 B 类预应力构件标准控制应力的应变硬化型 UHPC 构件，以及不配预应力钢筋的应变硬化型 UHPC 构件，在正常使用极限状态频遇组合下受拉边缘 UHPC 的最大拉应变小于 ε_{Utu} 时，可不验算裂缝宽度。

5.3.8 按 B 类预应力构件标准控制应力的应变软化型 UHPC 构件，以及不配预应力钢筋的应变软化型 UHPC 构件，应按正常使用极限状态频遇组合并计入长期效应的影响验算裂缝宽度，最大裂缝宽度计算方法及控制值应符合现行行业标准《公路钢筋混凝土及预应力混凝土桥涵设计规范》JTG 3362 的规定。

Ⅲ 挠度验算

5.3.9 UHPC 受弯构件在正常使用极限状态下的挠度，可根据给定的构件刚度用结构力学的方法计算。

5.3.10 预应力 UHPC 受弯构件在使用阶段的挠度应计入荷载长期效应的影响，即按荷载频遇组合和本标准第 5.3.9 条计算的挠度值，乘以挠度长期增长系数 η_θ，挠度长期增长系数取 $\eta_\theta=1+\varphi(t-t_0)$。

5.3.11 UHPC 受弯构件按前述计算的长期挠度值，由汽车荷载(不计冲击力)和人群荷载频遇组合，主梁最大挠度不应超过计算跨径的 1/500；主梁悬臂端的最大挠度不应超过悬臂长度的 1/300。

5.3.12 UHPC 受弯构件的预拱度、预应力 UHPC 受弯构件由预加力引起的反拱值，可按现行行业标准《公路钢筋混凝土及预应力混凝土桥涵设计规范》JTG 3362 进行计算。

5.4 持久状况和短暂状况构件应力计算

Ⅰ 持久状况预应力 UHPC 构件应力计算

5.4.1 预应力 UHPC 受弯构件在进行持久状况设计时，使用阶段正截面的 UHPC 法向压应力不超过 $0.4f_{\mathrm{Uck}}$，可按线性徐变理论进行设计。

5.4.2 预应力 UHPC 受弯构件在进行持久状况设计时，使用阶段的预应力钢筋拉应力应符合现行行业标准《公路钢筋混凝土及预应力混凝土桥涵设计规范》JTG 3362 的规定。

Ⅱ 短暂状况构件的应力计算

5.4.3 UHPC 构件按短暂状况设计时，应计算构件在制作、运输及安装等施工阶段由自重、施工荷载等引起的正截面和斜截面的应力，且不应超过本标准第 5.4.4 条规定的限值。施工荷载除有特别规定外，均采用标准值；当有组合时，不计入荷载组合系数。

当用吊机(车)行驶于桥梁进行安装时，对已安装就位的构件进行验算，吊机(车)荷载应乘以 1.15 的分项系数；但当吊机(车)产生的效应设计值小于按持久状况承载能力计算状态设计的作用效应设计值时，则可不必验算。

5.4.4 制作、运输等短暂设计工况下，UHPC 构件正截面及斜截面应力应符合下列规定：

1 受压区 UHPC 正截面验算边缘压应力不应超过 $0.8f'_{Uck}$（f'_{Uck} 为施工阶段对应的立方体 UHPC 轴心抗压强度标准值）。

2 UHPC 受弯构件中性轴处主拉应力不应超过 f'_{Utuk}（f'_{Utuk} 为施工阶段对应的 UHPC 抗拉强度标准值）。

5.4.5 当进行构件运输和安装计算时，构件自重应乘以动力系数。动力系数应按现行行业标准《公路桥涵设计通用规范》JTG D 60 的规定采用。

5.4.6 对构件施加预加力时，UHPC 的立方体抗压强度不得低于设计强度等级的 80%，弹性模量不应低于 UHPC 设计弹性模量的 80%。

5.5 构造要求

5.5.1 普通钢筋和预应力钢筋的 UHPC 保护层厚度取钢筋外缘至混凝土表面的距离，不应小于 15 mm 和钢纤维最大长度的较大值。

5.5.2 当计算中需充分发挥普通钢筋的强度时，UHPC 构件中普通钢筋的最小锚固长度应满足表 5.5.2 的规定。

表 5.5.2　钢筋最小锚固长度 l_a

钢筋种类		HRB400,HRBF400,RRB400	HRB500
受拉钢筋	直端	$12d$	$15d$
	弯钩端	$9d$	$11d$

注:1. d 为钢筋公称直径(mm)。
2. 当受拉钢筋末端采用弯钩时,锚固长度为包括弯钩在内的投影长度;受拉钢筋端部弯钩应符合现行行业标准《公路钢筋混凝土及预应力混凝土桥涵设计规范》JTG 3362 的规定。

5.5.3 应变软化型 UHPC 受弯构件最小配筋率应满足构件抗弯极限承载力设计值大于开裂弯矩的要求。

5.5.4 在满足最小保护层厚度、钢筋布置要求的条件下,配筋 UHPC 桥面板应满足结构承载能力、刚度及局部稳定等要求,且板的最小厚度不应小于 50 mm。

5.5.5 T 形、I 形、箱形截面 UHPC 梁的腹板宽度不应小于 80 mm。

5.5.6 当 UHPC 构件因预制或分段浇筑产生冷缝,且构件设计计算考虑接缝两侧 UHPC 抗拉能力时,应对接缝构造做配筋强化处理。接缝处补强钢筋间距宜为 75 mm～200 mm,补强钢筋面积按 UHPC 接缝截面抗拉等强进行设计。

6 超高性能混凝土-钢组合桥面板构件设计

6.1 一般规定

6.1.1 UHPC-钢组合桥面板结构应分别采用车道荷载、车辆荷载进行结构的整体和局部受力计算。

6.1.2 整体计算应符合现行行业标准《公路钢混组合桥梁设计与施工规范》JTG/T D64—01 的规定。局部计算可采用可靠的理论解析法或有限元方法等进行计算。

6.1.3 UHPC-钢组合桥面板结构的作用效应计算应符合下列规定：

1 应按线弹性方法计算，当极限状态下结构的变形不能被忽视时，应计入二阶效应。

2 计算模型应准确模拟施工过程与顺序。

3 计算整体效应时，可不计入 UHPC 与钢顶板的层间滑移；计算局部效应时，应计入局部滑移效应，可不计入 UHPC 与钢顶板间的粘接力和摩阻力。

6.1.4 UHPC-钢组合桥面板结构温度效应的计算应符合下列规定：

1 UHPC-钢组合桥面板结构的整体温度效应符合现行行业标准《公路桥涵设计通用规范》JTG D60 的规定。

2 UHPC-钢组合桥面板结构的温度梯度效应计算应采用竖向温度梯度分布形式(图 6.1.4)。

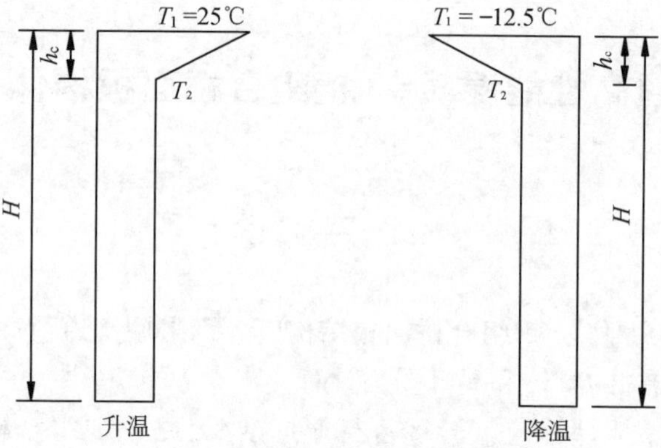

h_c —UHPC 层厚度；H —组合截面全高

图 6.1.4 竖向温度梯度

温度梯度(T_2)取值应按下式计算：

$$\begin{cases} T_2 = 25 - \dfrac{25 - 6.7}{100} h_c & \text{升温} \\ T_2 = -12.5 - \dfrac{-12.5 + 3.3}{100} h_c & \text{降温} \end{cases} \tag{6.1.4}$$

6.1.5 UHPC-钢组合桥面板结构采用的 UHPC 抗拉强度等级不应低于 UT Ⅲ。

6.2 结构计算

6.2.1 抗弯计算应符合下列规定：

1 UHPC-钢组合桥面板结构抗弯承载力应符合下列公式规定：

$$\sigma = \sum_{i=\mathrm{I}}^{\mathrm{II}} \frac{M_{d,i}}{W_{eff,i}} \tag{6.2.1-1}$$

$$\gamma_0 \sigma \leqslant f \qquad (6.2.1\text{-}2)$$

式中：i ——变量，表示不同的应力计算阶段。其中，$i=\mathrm{I}$ 表示未形成 UHPC－钢组合桥面板结构截面（钢梁）的应力计算阶段；$i=\mathrm{II}$ 表示形成 UHPC－钢组合桥面板结构之后的应力计算阶段。

$M_{\mathrm{d},i}$ ——对应不同应力计算阶段，作用于钢梁或组合梁的弯矩设计值。

$W_{\mathrm{eff},i}$ ——对应不同应力计算阶段，钢梁或组合梁的截面抗弯模量。

f ——钢筋、钢梁或 UHPC 的强度设计值。

γ_0——结构重要性系数。

2 UHPC－钢组合桥面板的有效宽度，应按现行行业标准《公路钢混组合桥梁设计与施工规范》JTG/T D64—01 的规定执行。

3 计算荷载效应时，负弯矩区 UHPC 层应按不开裂考虑。

6.2.2 抗剪计算应符合下列规定：

1 UHPC－钢组合桥面板结构抗剪承载力应符合下列公式规定：

$$\gamma_0 V_{\mathrm{vd}} \leqslant V_{\mathrm{vu}} \qquad (6.2.2\text{-}1)$$

$$V_{\mathrm{vu}} = f_{\mathrm{vd}} A_{\mathrm{w}} \qquad (6.2.2\text{-}2)$$

式中：V_{vd} ——截面竖向剪力设计值；

V_{vu} ——截面竖向抗剪承载力；

A_{w} ——钢梁腹板截面面积；

f_{vd} ——钢梁腹板抗剪强度设计值。

2 当 UHPC－钢组合桥面板结构承受弯矩和剪力共同作用时，应计入二者耦合影响，腹板折算应力应按下式要求进行验算：

$$\sqrt{\sigma^2 + 3\tau^2} \leqslant 1.1 f_d \tag{6.2.2-3}$$

式中：σ，τ——钢梁腹板上同时产生的正应力、剪应力；

f_d——钢材抗拉强度设计值。

6.2.3 剪力连接件采用圆柱头焊钉时，纵向抗剪应符合现行行业标准《公路钢混组合桥梁设计与施工规范》JTG/T D64—01 的规定。

6.2.4 UHPC－钢组合桥面板结构的稳定计算应符合下列规定：

1 施工期间 UHPC－钢组合桥面板结构应具有足够的侧向刚度和侧向约束，以确保钢梁不发生整体失稳。钢梁稳定性验算应符合现行行业标准《公路钢结构桥梁设计规范》JTG D64 的规定。

2 UHPC－钢组合桥面板结构负弯矩区钢梁为箱型截面或下翼缘有可靠的横向约束，且腹板有加劲措施时，可不验算负弯矩区侧扭稳定性，否则应按现行行业标准《公路钢混组合桥梁设计与施工规范》JTG/T D64—01 的规定对钢梁侧扭稳定性进行验算。

6.2.5 设计使用年限内，UHPC－钢组合桥面板结构中的钢结构、剪力钉和 UHPC 层均不应发生疲劳破坏。

6.2.6 UHPC－钢组合桥面板结构中钢结构部分疲劳验算应符合现行行业标准《公路钢结构桥梁设计规范》JTG D64 的规定。

6.2.7 UHPC－钢组合桥面板结构中剪力连接件疲劳验算应符合现行行业标准《公路钢混组合桥梁设计与施工规范》JTG/T D64—01 的规定。

6.2.8 UHPC－钢组合桥面板结构中 UHPC 层的疲劳验算应符合下列规定：

$$\sigma_{st,max} \leqslant \sigma_{U,D} \tag{6.2.8}$$

式中：$\sigma_{st,max}$——UHPC 层在频遇组合下的最大拉应力，可按弹性方法计算；

$\sigma_{U,D}$ ——UHPC 的容许疲劳强度，应符合本标准第 3.2.14条的规定。

6.2.9 UHPC 层抗裂计算应同时考虑结构重力、收缩徐变等永久作用和汽车荷载、温度作用等可变作用，并应准确模拟 UHPC－钢组合桥面板结构的施工顺序。

6.2.10 UHPC 层应建立局部模型分析验证抗裂性能，UHPC 层顶面的拉应力计算应包括下列内容：

1 主梁腹板或纵隔板顶面位置，沿横桥向应力。

2 横隔板顶面位置沿纵桥向应力。

3 纵肋腹板顶面位置-相邻横隔板间跨中处，沿横桥向应力。

4 纵肋腹板顶面位置-横隔板断面处，沿横桥向应力。

6.2.11 UHPC－钢组合桥面板结构中 UHPC 层的抗裂验算应符合下列规定：

1 当 UHPC 层计算拉应力不大于 UHPC 弹性抗拉强度设计值时，可认为 UHPC 层不开裂。

2 当 UHPC 层拉应力大于 UHPC 弹性抗拉强度设计值时，应按本标准图 4.0.7 的材料本构关系进行非线性分析，UHPC 层计算拉应变应小于 UHPC 极限拉应变。

6.2.12 UHPC－钢组合桥面板结构桥梁整体挠度应符合现行行业标准《公路钢混组合桥梁设计与施工规范》JTG/T D64—01 的规定。

6.2.13 UHPC－钢组合桥面板结构局部挠度计算应符合下列规定（图 6.2.13）：

1 桥面结构在纵肋间的相对挠度不应超过 0.2 mm。

2 UHPC－钢组合桥面结构的变形曲率半径不应小于 40 m。

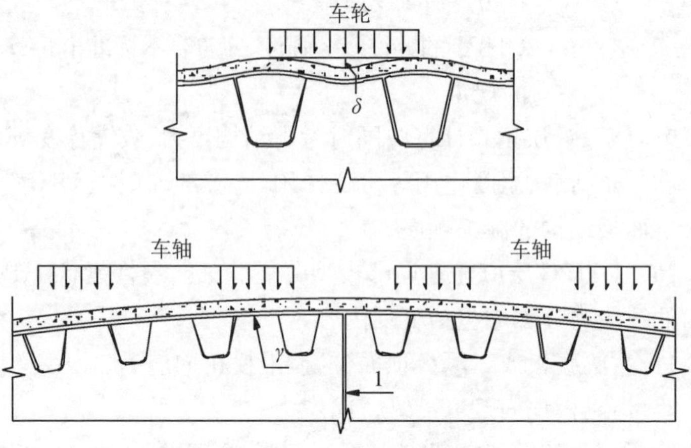

δ—相对挠度；γ—曲率半径；1—主梁腹板或纵隔板

图 6.2.13　局部挠度计算

6.3　构造要求

6.3.1　UHPC－钢组合桥面板结构中各层的厚度应符合下列规定：

1　钢桥面板厚度不宜小于 12 mm，并不应小于焊钉直径的 0.5 倍。

2　UHPC－钢组合桥面板结构的 UHPC 层厚度不宜小于 50 mm，且不宜大于 100 mm。

6.3.2　UHPC 层内钢筋网的设置应符合下列规定：

1　UHPC 保护层厚度不应小于 10 mm，宜采用 15 mm。

2　钢筋直径不宜小于 10 mm。

3　钢筋接头宜设置在受力小的区段，宜采用焊接或绑扎的方式，绑扎搭接长度不应小于 20 倍钢筋直径。

4　钢筋应包含横桥向和纵桥向两层钢筋，受力较大方向的钢筋宜置于外层。

6.3.3 焊钉的设置应符合下列规定：

1 焊钉连接件的材料、机械性能以及焊接要求应符合现行国家标准《电弧螺柱焊用圆柱头焊钉》GB/T 10433 的规定。

2 焊钉连接件的设置应符合现行行业标准《公路钢混组合桥梁设计与施工规范》JTG/T D64—01 的规定。

3 当焊钉间距大于 250 mm 时，应对桥面板外周一圈的焊钉加密 1 倍，即间距为桥面板内部间距的一半，且不大于 150 mm。

4 焊钉间距宜与钢筋间距模数匹配设置。

6.3.4 UHPC 装配化施工或分段浇筑时，宜将接缝设置在受压区。横向接缝宜设置在两横隔板之间，纵向接缝宜设置在两纵肋之间，并应符合下列规定：

1 横缝宜设置在相邻两道横隔板间的跨中断面前后 $S_d/4$ 范围内（S_d 为横隔板的纵向间距）。

2 行车道区域设置主梁腹板或纵隔板，纵缝宜设置在相邻两道主梁腹板或纵隔板间的中间截面左右 $S_{wb}/4$ 范围内（S_{wb} 为主梁腹板或纵隔板的横向间距）。

3 行车道区域未设置主梁腹板或纵隔板，纵缝宜设置在相邻两道纵向加劲肋中间断面左右 $S_{rb}/4$ 范围内（S_{rb} 为加劲肋的横向间距）。

6.3.5 UHPC 层与其他结构连接，应设置边界连接构造。

6.3.6 UHPC 层与沥青磨耗层之间的防水粘结层应符合下列规定：

1 防水粘结层施工前，UHPC 层表面应采用抛丸粗糙化处理，并保持 UHPC 层表面干燥、洁净。

2 防水粘结层性能指标不应低于现行行业标准《道桥用防水涂料》JC/T 975 中关于 PB(Ⅰ)型防水粘结层的技术指标，60℃剪切强度不应小于 0.6 MPa。

7 预制结构中超高性能混凝土连接设计

7.1 一般规定

7.1.1 UHPC连接可用于上部结构连接，也可用于预制墩柱与承台、预制墩柱与盖梁、预制墩柱节段连接。

7.1.2 预制结构连接采用的UHPC抗拉强度等级应符合下列规定：

1 上部结构横向连接不应低于UT Ⅰ。

2 下部结构竖向连接不应低于UT Ⅲ。

7.1.3 UHPC连接中钢筋的保护层厚度应符合下列规定：

1 最外侧钢筋的保护层厚度不应小于20 mm。

2 主筋的保护层厚度不应小于钢筋公称直径。

7.1.4 UHPC用于预制构件连接时，钢筋连接可采用搭接，最小搭接长度应满足下列要求：

1 当钢筋直径$d \leqslant 25$ mm时，最小搭接长度应$\geqslant 10d$。

2 当钢筋直径$d > 25$ mm且$d \leqslant 32$ mm时，最小搭接长度应$\geqslant 12d$。

3 当钢筋为束筋时，最小搭接长度应根据束筋的等代直径进行换算。

7.1.5 UHPC用于预制构件连接时，搭接钢筋的净距不宜小于20 mm。

7.2 上部结构连接

7.2.1 上部结构连接方式可采用平直缝、钻石企口缝等形式(图7.2.1)，接触界面处宜做粗糙处理。

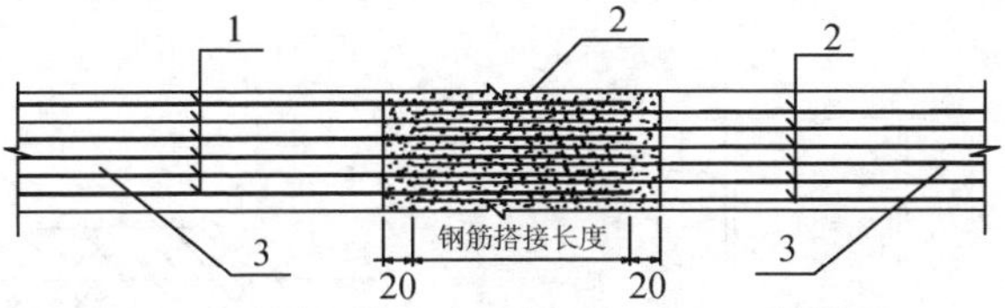

1—伸出钢筋；2—现浇UHPC；3—预制梁

(a) 平面

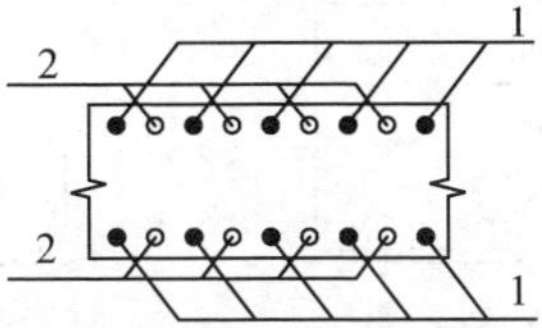

1—一侧预制梁伸出钢筋；2—另一侧预制梁伸出钢筋

(b) 连接处断面

图 7.2.1　上部结构横向连接典型构造(mm)

7.2.2　UHPC 用于上部结构连接时，现浇 UHPC 连接段的抗弯承载力不应小于预制梁段的抗弯承载力。

7.3　下部结构连接

7.3.1　预制墩柱与承台、预制墩柱与盖梁的连接方式可采用扩头式或环缝式(图 7.3.1-1、图 7.3.1-2)。

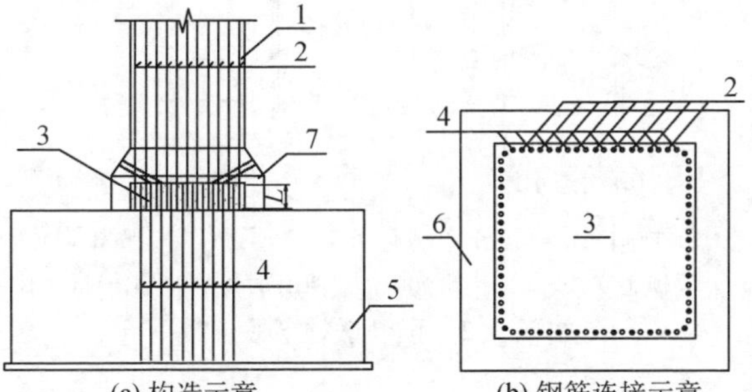

(a) 构造示意　　(b) 钢筋连接示意

1—预制立柱；2—立柱伸出钢筋；3—现浇 UHPC；4—承台伸出钢筋；5—现浇承台；6—墩底扩头；L—钢筋搭接长度

图 7.3.1-1　扩头式连接

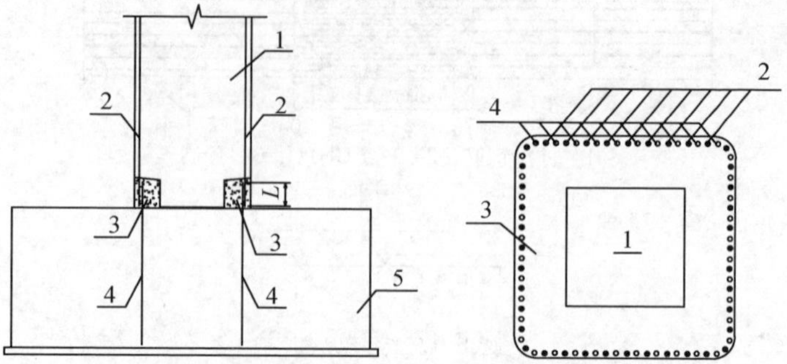

(a) 构造示意　　　　　　　　(b) 钢筋连接示意

1—预制立柱；2—立柱伸出钢筋；3—现浇 UHPC；4—承台伸出钢筋；
5—现浇承台；L—钢筋搭接长度

图 7.3.1-2　环缝式连接

7.3.2　预制墩柱节段的连接方式可采用环缝式(图 7.3.2)。

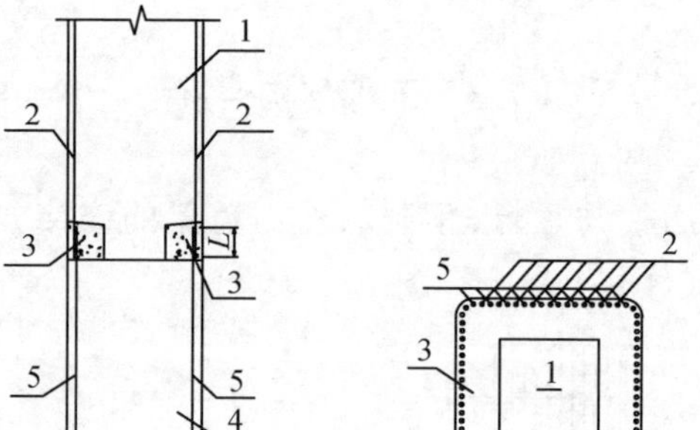

(a) 构造示意　　　　　　　　(b) 钢筋连接示意

1—上节预制立柱；2—上节预制立柱伸出钢筋；3—现浇 UHPC；
4—下节预制立柱；5—下节预制立柱伸出钢筋；L—钢筋搭接长度

图 7.3.2　预制墩柱节段连接

7.3.3　满足本标准连接材料性能和构造要求规定的预制拼装桥墩，可按钢筋混凝土结构设计。

7.3.4 UHPC用于下部结构连接时，钢筋可采用束筋布置，钢筋搭接长度应满足本标准第7.1.4条的相关要求。

7.3.5 UHPC用于下部结构连接时，应保证地震作用下破坏位置发生在预制墩柱区域，并符合下列要求：

1 对于地震作用下发生弯曲破坏的高墩，塑性铰位置位于预制墩柱区域，应按现行行业标准《城市桥梁抗震设计规范》CJJ 166或《公路桥梁抗震设计规范》JTG/T 2231—01进行地震位移的验算。

2 对于地震作用下发生弯剪破坏的矮墩，应按现行行业标准《城市桥梁抗震设计规范》CJJ 166或《公路桥梁抗震设计规范》JTG/T 2231—01进行桥墩抗弯和抗剪强度的验算。

7.3.6 在进行桥墩位移验算时，墩柱高度应扣除UHPC连接段的高度。

7.3.7 UHPC用于下部结构连接时，连接段应作为能力保护构件设计，按现行行业标准《城市桥梁抗震设计规范》CJJ 166或《公路桥梁抗震设计规范》JTG/T 2231—01进行计算。其中，计算时应计入UHPC抗拉强度的贡献，UHPC实际承受的最大拉伸应变应小于UHPC的极限拉伸应变。

7.3.8 UHPC用于下部结构连接时，墩柱塑性铰区域内加密箍筋的配制应满足现行行业标准《城市桥梁抗震设计规范》CJJ 166或《公路桥梁抗震设计规范》JTG/T 2231—01的要求，但墩柱加密区分布长度应从预制段起计算。

8 维修加固

8.1 一般规定

8.1.1 采用 UHPC 对桥梁加固宜主要用于提高桥梁构件或结构的承载能力，也可用于提高桥梁构件的抗裂性。

8.1.2 采用 UHPC 进行桥梁加固，应通过构造措施保证新增 UHPC 层与原结构的可靠连接。

8.1.3 采用 UHPC 进行桥梁加固，应按下列要求进行两阶段受力计算：

1 新浇 UHPC 层达到规定龄期的强度标准值前，按原构件截面进行计算。

2 新浇 UHPC 层达到规定龄期的强度标准值后，按加固后的整体截面进行计算。

8.1.4 UHPC 加固桥梁结构宜采用增设 UHPC 层或配筋 UHPC 层进行承载能力加固，如图 8.1.4 所示；采用增设的 UHPC 层时，厚度宜大于 25 mm；采用增设配筋 UHPC 层时，厚度宜大于 40 mm。加固方式宜采用在结构上表面进行摊铺，也可在结构下部或侧面支模后进行灌注施工。

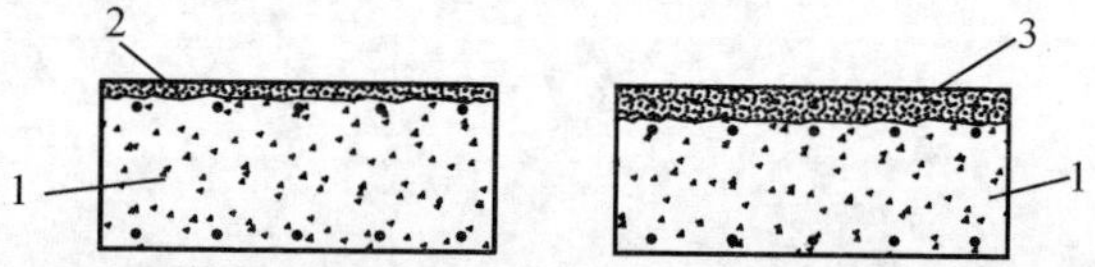

(a) 增设UHPC层　　(b) 增设配筋UHPC层

1—原结构；2—增设 UHPC 层；3—增设配筋 UHPC 层

图 8.1.4 增设 UHPC 加固

8.1.5 在受拉区采用 UHPC 进行承载能力加固时，应采用应变硬化的 UHPC 材料，并宜采用配筋 UHPC 进行加固。

8.1.6 钢筋混凝土梁在承载能力不足时，可采用增设 UHPC 层或配筋 UHPC 层进行加固。在梁顶或梁底增设 UHPC 层，可提高构件的受弯承载力和斜截面受剪承载力；在腹板增设 UHPC 层，可提高构件的受剪承载力。

8.1.7 钢筋混凝土墩柱受压承载力不足时，可采用增设 UHPC 层或配筋 UHPC 层进行加固，增设方式应符合下列规定：

1 圆形立柱可采用环向增设方式进行加固。

2 矩形立柱可采用单侧结合或两侧增设方式进行加固。

8.2 受弯构件加固

8.2.1 在受拉区采用 UHPC 进行加固计算时，抗弯承载能力应按下式进行计算（图 8.2.1）：

$$\gamma_0 M_d \leqslant f_{sdU} A_{sU}(d_{sU} - d_{scc}) + f_{Utud} h_U b(d_U - d_{scc}) + f_{sd} A_{sc}(d_{sc} - d_{scc}) - 0.85 f_{cd1} bx\left(\frac{0.85x}{2} - d_{scc}\right) \tag{8.2.1-1}$$

$$x = \frac{f_{Utud} h_U b + f_{sd} A_{sU} + f_{sd} A_{sc}}{0.85 f_{cd1} b} \tag{8.2.1-2}$$

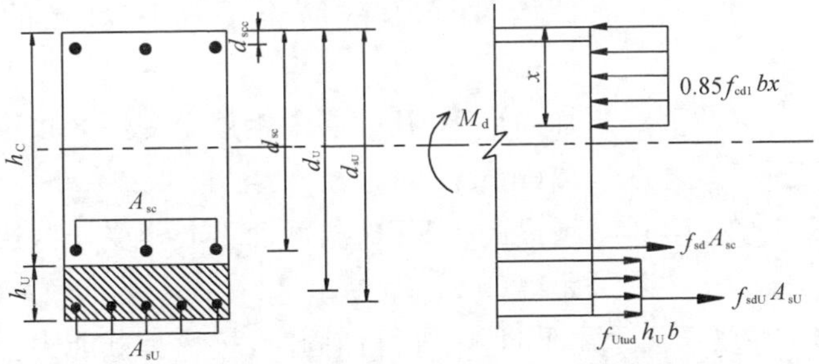

图 8.2.1 受拉区增设 UHPC 受弯构件的抗弯承载力计算

式中：γ_0——桥梁结构的重要性系数，按照现行行业标准《公路钢筋混凝土及预应力混凝土桥涵设计规范》JTG 3362 的规定采用；

f_{sd}——原构件中普通钢筋的抗拉强度设计值（MPa）；

f_{cd1}——原构件混凝土轴心抗压强度设计值（MPa）；

f_{Utud}——UHPC 的抗拉强度设计值（MPa）；

A_{sU}——加固后 UHPC 层中抗弯钢筋的横截面积（mm^2）；

A_{sc}——原构件中混凝土受拉区钢筋的横截面积（mm^2）；

f_{sdU}——UHPC 层中普通钢筋的抗拉强度设计值（MPa）；

h_U——增设的 UHPC 层厚度（mm）；

h_c——原构件截面的高度（mm）；

x——加固后构件截面混凝土受压区计算高度（mm）；

b——构件截面的宽度（mm）；

d_{sc}——原构件受拉钢筋至受压区边缘的距离（mm）；

d_{scc}——原构件受压钢筋至受压区边缘的距离（mm）；

d_{sU}——加固后 UHPC 层中钢筋至受压区边缘的距离（mm）；

d_U——增设的 UHPC 层截面重心至受压区边缘的距离（mm）。

8.2.2 在受压区采用 UHPC 进行加固时，抗弯承载能力应按下列公式进行计算（图 8.2.2）：

$$\gamma_0 M_d \leqslant \varepsilon_{cc} \cdot h_U \cdot E_U \cdot B \cdot \left(\frac{h_U}{2} + h_c - d_{scc}\right) +$$

$$\frac{(\varepsilon_{Uc} - \varepsilon_{cc}) \cdot h_U \cdot E_U \cdot B}{2}\left(\frac{2h_U}{3} + h_c - d_{scc}\right) +$$

$$\frac{\varepsilon_{cc} \cdot (x - h_U) \cdot E_c \cdot B}{2}\left[\frac{2(x - h_U)}{3} + h_U + h_c - x - d_{scc}\right] +$$

$$\varepsilon_{sU} \cdot E_s \cdot A_{sU}(d_{sU} - d_{scc}) + \varepsilon_{sc1} \cdot E_s \cdot A_{sc1}(d_{sc} - d_{scc}) \tag{8.2.2-1}$$

$$x = \xi_b \cdot (h_U + h_c - d_{scc}) \tag{8.2.2-2}$$

$$\varepsilon_{Uc} = \frac{x \cdot \varepsilon_{sc}}{h_U + h_c - d_{scc} - x} \tag{8.2.2-3}$$

$$\varepsilon_{cc} = \frac{(x - h_U) \cdot \varepsilon_{sc}}{h_U + h_c - d_{scc} - x} \tag{8.2.2-4}$$

$$\varepsilon_{sU} = \frac{[x - (h_U + h_c - d_{sU})] \cdot \varepsilon_{sc}}{h_U + h_c - d_{scc} - x} \tag{8.2.2-5}$$

$$\varepsilon_{sc1} = \frac{[x - (h_U + h_c - d_{sc})] \cdot \varepsilon_{sc}}{h_U + h_c - d_{scc} - x} \tag{8.2.2-6}$$

$$\varepsilon_{sc} = \frac{f_{sd}}{E_s} \tag{8.2.2-7}$$

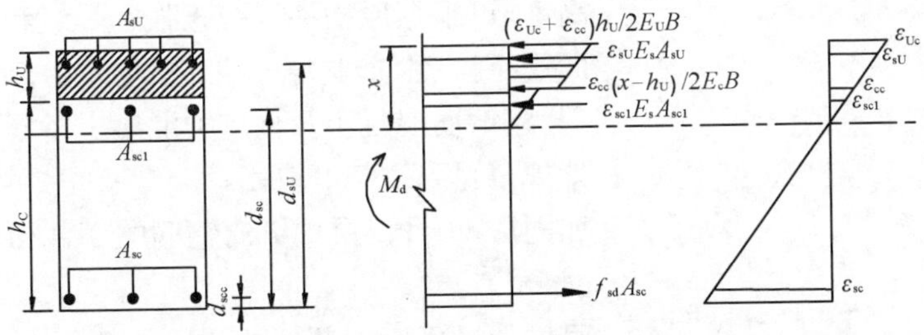

图 8.2.2　受压区增设 UHPC 层受弯构件的抗弯承载力计算

式中：ε_{cc}——原构件受压区边缘混凝土的应变，应根据平截面假定进行计算；

ε_{Uc}——加固后新增 UHPC 的压应变，应根据平截面假定进行计算，并符合 $\varepsilon_{Uc} \leqslant f_{Ucd}/E_U$；

B——加固后截面的宽度(mm)；

f_{Ucd}——UHPC 的抗压强度设计值(MPa)；

E_U——UHPC 的弹性模量(MPa)；

E_s——钢筋的弹性模量(MPa)；

E_c——原构件混凝土的弹性模量(MPa)；

ε_{sU}——加固后新增 UHPC 中钢筋的应变，应根据平截面假定进行计算，并符合 $\varepsilon_{sU} \leqslant f_{sdU}/E_s$；

f_{sdU}——UHPC 层中普通钢筋的抗拉强度设计值(MPa)；

ε_{sc1}——原构件受压区混凝土中普通钢筋的应变，应根据平截面假定进行计算；

ε_{sc2}——原构件受拉区混凝土中钢筋的应变，应根据平截面假定进行计算；

ε_{sc}——原构件受拉区混凝土中钢筋的应变，应根据平截面假定进行计算；

ξ_b——受弯构件截面增大后的相对界限受压区高度，可根据原构件混凝土强度等级和截面受拉区钢筋种类，按照现行行业标准《公路钢筋混凝土及预应力混凝土桥涵设计规范》JTG 3362 取用；

A_{sU}——加固后 UHPC 层中纵向钢筋的横截面积(mm^2)；

A_{sc1}——原构件受压区混凝土中纵向钢筋的横截面积(mm^2)；

A_{sc} ——原构件受拉区混凝土中纵向钢筋的横截面积(mm^2)；

h_U ——增设的 UHPC 层厚度(mm)；

h_c ——原构件的截面高度(mm)；

x ——加固后构件截面混凝土受压区计算高度(mm)；

d_{sc} ——原构件混凝土受压区钢筋到受拉区边缘的距离(mm)；

d_{scc} ——原构件混凝土受拉区钢筋到受拉区边缘的距离(mm)；

d_{sU} ——加固后 UHPC 层中钢筋到受压区边缘的距离(mm)。

8.2.3 截面受拉区和截面受压区同时增设 UHPC 层进行加固时,可根据平截面假定,按受力平衡计算得到。

8.2.4 加固后构件的抗剪承载能力,可按下列公式进行计算:

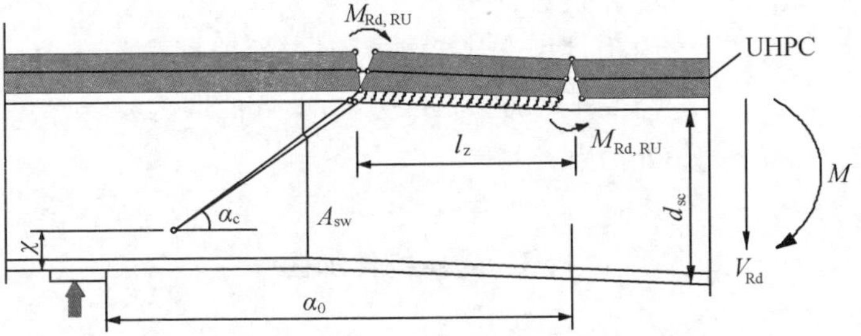

图 8.2.4 UHPC 层位于受拉区梁的抗剪模型

$$V_{Rd}=V_{Rd,c}+V_{Rd,s}+V_{Rd,U} \quad (8.2.4\text{-}1)$$

$$V_{Rd,c}=\frac{f_{cd}\cdot b_w}{2}\left[\frac{x}{\sin\alpha_c}\cdot(1-\cos\alpha_c)\right] \quad (8.2.4\text{-}2)$$

$$V_{Rd,s}=A_{sw}\cdot f_{sc}\cdot\cot\alpha \quad (8.2.4\text{-}3)$$

$$V_{Rd,U}=\frac{2\cdot M_{Rd},R_{U}}{l_{z}} \tag{8.2.4-4}$$

$$x=0.9\cdot w_{m}\cdot d_{eq} \tag{8.2.4-5}$$

$$w_{m}=\frac{A_{sc}f_{sd}+A_{U}f_{Utud}+A_{sU}f_{sUd}}{A_{c}f_{cd}} \tag{8.2.4-6}$$

$$d_{eq}=\frac{d_{sc}A_{sc}f_{sd}+d_{U}A_{U}f_{Utud}+d_{sU}A_{sU}f_{sUd}}{A_{sc}f_{sd}+A_{U}f_{Utd}+A_{sU}f_{sUd}} \tag{8.2.4-7}$$

$$l_{z}=a_{0}-\frac{d_{sc}}{\tan\alpha_{c}} \tag{8.2.4-8}$$

式中：$V_{Rd,c}$ ——混凝土的极限抗剪承载力设计值(kN)；

$V_{Rd,s}$ ——纵向抗剪钢筋的极限抗剪承载力设计值(kN)；

$V_{Rd,U}$ ——配筋 UHPC 的极限抗剪承载力设计值(kN)；

x ——受压区高度；

w_{m} ——计算系数；

d_{eq} ——计算系数；

α_{c} ——原构件中弯矩和剪力引起的斜裂缝的倾角，通常情况下，$20°\leqslant\alpha_{c}\leqslant 60°$，近似取为 $\alpha_{c}=35°$；

l_{z} ——外力臂。

8.3 受压构件加固

8.3.1 对轴心受压构件，沿构件周边增设 UHPC 层进行加固，加固后构件的正截面受压承载力应按下式计算：

$$\gamma_{0}N_{d}\leqslant 0.9\varphi(\alpha_{c}f_{cd1}A_{c1}+f'_{sd1}A'_{s1}+\alpha_{U}f_{Ucd}A_{U2}+\alpha_{s2}f'_{sd2}A'_{s2}) \tag{8.3.1}$$

式中：N_{d} ——作用组合的轴向力设计值(N)；

φ ——轴心受压构件稳定系数；

f_{cd1} ——原构件混凝土轴心抗压强度设计值(MPa)；

f'_{sd1} ——原构件纵向钢筋抗压强度设计值(MPa)；

A_{c1} ——原构件混凝土截面面积(mm^2)；

A'_{s1} ——原构件中纵向普通钢筋的截面面积(mm^2)；

A_{U2} ——新增 UHPC 的截面面积(mm^2)；

A'_{s2} ——新增纵向普通钢筋的截面面积(mm^2)；

f_{Ucd} ——UHPC 的抗压强度设计值(MPa)；

f'_{sd2} ——新增 UHPC 层纵向钢筋抗压强度设计值(MPa)；

α_c ——原构件混凝土强度提高系数，建议圆形截面取 $\alpha_c=1.5$，矩形截面取 $\alpha_c=1.1$；

α_U ——UHPC 强度利用程度的系数，建议取 0.6；

α_{s2} ——新增纵向钢筋 A'_{s2} 的强度利用程度的系数，建议取 0.8。

8.3.2 对于周边增设 UHPC 层加固的矩形截面偏心受压构件，加固后正截面承载力应按下列公式进行计算：

1 小偏压时

$$\gamma_0 N_d \leqslant \alpha_c f_{cd1} b(x-h_{U1})+\alpha_{U1} f_{Ucd} b h_{U1}+f'_{sdc1}A'_{sc1}+\alpha_{sU1} f'_{sdU1}A'_{sU1}-\sigma_{sc2}A_{sc2}-\alpha_{sU2}\sigma_{sU2}A_{sU2}-\sigma_{U2}h_{U2}b+\alpha_{Uj} f_{Ucd}(B-b)x-\frac{1}{2}\sigma_{U2}(B-b)\left(h_2-\frac{x}{\beta_1}\right) \tag{8.3.2-1}$$

$$\gamma_0 N_d e_{s2} \leqslant \alpha_c f_{cd1} b(x-h_{U1})\left(h_0-h_{U1}-\frac{x}{2}\right)+\alpha_{U1} f_{Ucd} b h_{U1}\left(h_0-\frac{h_{U1}}{2}\right)+f'_{sdc1}A'_{sc1}(h_0-a'_{sc1})+\alpha_{sU1} f'_{sdU1}A'_{sU1}(h_0-a'_{sU1})+\sigma_{U2}h_{U2}b\left(a_{s2}-\frac{h_{U2}}{2}\right)+\alpha_{Uj} f_{Ucd}(B-b)x\left(h_0-\frac{x}{2}\right)-\frac{1}{2}\sigma_{U2}(B-b)\left(h_2-\frac{x}{\beta_1}\right)\left(\frac{h_2-x/\beta_1}{3}-a_{s2}\right) \tag{8.3.2-2}$$

$$\alpha_c f_{cd1} b(x-h_{U1})\left(e_{s2}-h_0+h_{U1}+\frac{x}{2}\right)+\alpha_{U1} f_{Ucd} b h_{U1}$$

$$\left(e_{s2}-h_0+\frac{h_{U1}}{2}\right)+\alpha_{Uj} f_{Ucd}(B-b)x\left(e_{s2}-h_0+\frac{x}{2}\right)$$

$$=(\alpha_{sU2}\sigma_{sU2}A_{sU2}+\sigma_{sc2}A_{sc2})e_{s2}-(\alpha_{sU1}f'_{sdU1}A'_{sU1}+f'_{sdc1}A'_{sc1})$$

$$e'_{s1}+\sigma_{U2}h_{U2}b\left(e_{s2}+a_{s2}-\frac{h_{U2}}{2}\right)+\frac{1}{2}\sigma_{U2}(B-b)\left(h_2-\frac{x}{\beta_1}\right)$$

$$\left(e_{s2}-\frac{h_2-x/\beta_1}{3}+a_{s2}\right) \tag{8.3.2-3}$$

$$e_{s2}=\eta e_0+\frac{h_2}{2}-a_{s2} \tag{8.3.2-4}$$

$$e'_{s1}=\eta e_0-\frac{h_2}{2}+a'_{s1} \tag{8.3.2-5}$$

式中：N_d ——作用组合的轴向力设计值(N)；

e_{s2} ——轴向力作用点至加固后截面受拉边或受压较小边纵向钢筋 A_{sU2} 和 A_{sc2} 合力点的距离(mm)；

e'_{s1} ——轴向力作用点至加固后截面受压较大边纵向钢筋 A'_{sU1} 和 A'_{sc1} 合力点的距离(mm)；

e_0 ——轴向力对加固后截面重心轴的偏心距(mm)，$e_0=M_d/N_d$；

M_d ——相应于轴向力 N_d 的弯矩设计值(N·mm)；

x ——加固后构件截面混凝土受压区计算高度(mm)；

f_{cd1} ——原构件混凝土轴心抗压强度设计值(MPa)；

f_{Ucd} ——UHPC 的抗压强度设计值(MPa)；

f'_{sdc1} ——原构件截面受压较大边纵向普通钢筋抗压强度设计值(MPa)；

f'_{sdU1} ——构件达到承载能力极限状态时，受压较大边 UHPC 层新增纵向普通钢筋的抗压强度设计值

(MPa)；

A'_{sU1}——受压较大边 UHPC 层新增纵向普通钢筋截面积(mm^2)；

A_{sU2}——受拉边或受压较小边 UHPC 层新增纵向普通钢筋截面积(mm^2)；

σ_{sc2}——构件达到承载能力极限状态时，受拉边或受压较小边原构件纵向普通钢筋的应力值(MPa)，按本标准第 8.3.3 条规定计算，$\sigma_{sc2} \leqslant f_{sdc2}$；

σ_{sU2}——承载能力极限状态时，构件截面受拉边或受压较小边 UHPC 层新增纵向普通钢筋的应力值(MPa)，按本标准第 8.3.3 条规定计算，$\sigma_{sU2} \leqslant f_{sdU2}$；

σ_{U2}——承载能力极限状态时，构件截面受压较小边 UHPC 的应力值(MPa)，按本标准第 8.3.3 条规定计算；

h_2——加固后截面的高度(mm)；

h_0——加固后构件截面受拉边或受压较小边纵向普通钢筋 A_{sU2} 和 A_{sc2} 截面重心至受压较大边缘的距离(mm)，$h_0 = h_2 - a_{s2}$；

η——偏心受压构件轴向力偏心距增大系数，按本标准第 8.3.4 条规定计算；

a'_{s1}——原构件截面受压较大边边纵向普通钢筋 A'_{sc1} 和新增纵向普通钢筋 A'_{sU1} 的合力作用点至加固后截面受压较大边的距离(mm)；

a_{s2}——原构件截面受拉边或受压较小边纵向普通钢筋 A_{sc2} 和新增纵向普通钢筋 A_{sU2} 的合力作用点至加固后截面受拉边或受压较小边的距离(mm)；

a'_{sU1}——新增纵向普通钢筋 A'_{sU1} 重心至加固后截面受压较大边的距离(mm)；

a'_{sc1}——原构件纵向普通钢筋 A'_{sc1} 重心至加固后截面受压

较大边的距离(mm)；

α_{U1} ——构件达到承载能力极限状态时，受拉边或受压较小边的 UHPC 强度利用程度的系数，建议取 0.6；

α_{sU1} ——构件达到承载能力极限状态时，受拉边或受压较小边的新增的纵向钢筋 A'_{sU1} 的强度利用程度系数，建议取 0.8；

α_{sU2} ——构件达到承载能力极限状态时，受拉侧新增的纵向钢筋 A_{sU2} 的强度利用程度系数，建议取 0.8；

B，b ——加固后截面的宽度(mm)和原构件截面的宽度(mm)；

α_c ——原构件混凝土强度提高系数，矩形截面建议取 $\alpha_c = 1.1$；

α_{Uj}，β_1 ——等效矩形应力图形换算系数，取值见表 8.3.2。

表 8.3.2　等效矩形应力图形换算系数

强度等级 系数	U 120	U 140	U 160	U 180	U 200
α_{Uj}	0.93	0.92	0.90	0.87	0.85
β_1	0.76	0.73	0.71	0.70	0.68

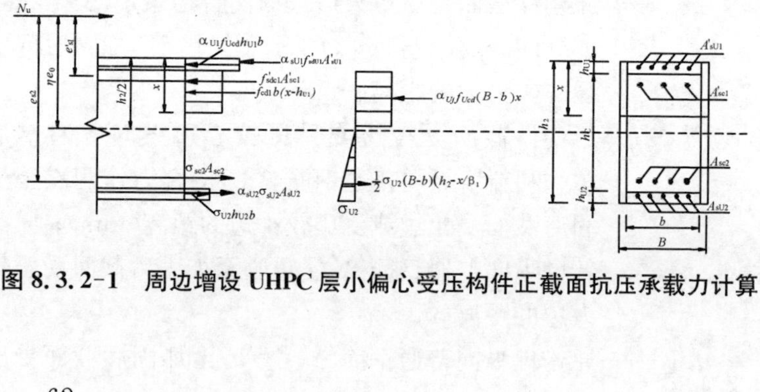

图 8.3.2-1　周边增设 UHPC 层小偏心受压构件正截面抗压承载力计算

2 大偏压时

$$\gamma_0 N_d \leqslant \alpha_c f_{cd1} b(x-h_{U1}) + \alpha_{U1} f_{Ucd} b h_{U1} + f'_{sdc1} A'_{sc1} + \alpha_{sU1} f'_{sdU1} A'_{sU1} + \alpha_{Uj} f_{Ucd}(B-b)x - f_{sdc2} A_{sc2} - \alpha_{sU2} f_{sdU2} A_{sU2} - 0.25 f_{Utud}(B-b)\left(h_2 - \frac{x}{\beta_1}\right) \tag{8.3.2-6}$$

$$\gamma_0 N_d e_{s2} \leqslant \alpha_c f_{cd1} b(x-h_{U1})\left(h_0 - h_{U1} - \frac{x}{2}\right) + \alpha_{U1} f_{Ucd} b h_{U1} \left(h_0 - \frac{h_{U1}}{2}\right) + f'_{sdc1} A'_{sc1}(h_0 - a'_{sc1}) + \alpha_{sU1} f'_{sdU1} A'_{sU1}(h_0 - a'_{sU1}) + \alpha_{Uj} f_{Ucd}(B-b)x\left(h_0 - \frac{x}{2}\right) - 0.25 f_{Utud}(B-b)\left(h_2 - \frac{x}{\beta_1}\right)\left(\frac{h_2 - x/\beta_1}{2} - a_{s2}\right) \tag{8.3.2-7}$$

$$\alpha_c f_{cd1} b(x-h_{U1})\left(e_{s2} - h_0 + h_{U1} + \frac{x}{2}\right) + \alpha_{U1} f_{Ucd} b h_{U1} \left(e_{s2} - h_0 + \frac{h_{U1}}{2}\right) + \alpha_{Uj} f_{Ucd}(B-b)x\left(e_{s2} - h_0 + \frac{x}{2}\right) = (f_{sdc2} A_{sc2} + \alpha_{sU2} f_{sdU2} A_{sU2}) e_{s2} - (\alpha_{sU1} f'_{sdU1} A'_{sU1} + f'_{sdc1} A'_{sc1}) e'_{s1} + 0.25 f_{Utud}(B-b)\left(h_2 - \frac{x}{\beta_1}\right)\left(e_{s2} - \frac{h_2 - x/\beta_1}{2} + a_{s2}\right) \tag{8.3.2-8}$$

式中：f_{sdc2}——原构件截面受拉侧纵向普通钢筋抗拉强度设计值(MPa)；

f_{sdU2}——构件达到承载能力极限状态时，受拉侧 UHPC 层新增纵向普通钢筋的抗拉强度设计值(MPa)；

f_{Utud}——UHPC 的抗拉强度设计值(MPa)。

其余符号意义同式(8.3.2-1)~式(8.3.2-5)。

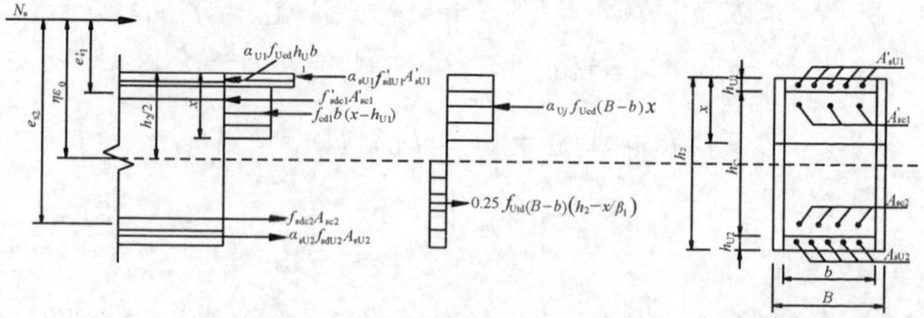

图 8.3.2-2　周边增设 UHPC 层大偏心受压构件正截面抗压承载力计算

3　当 $x \leqslant h_{U1}$ 时

$$\gamma_0 N_d \leqslant \alpha_{U1} f_{Ucd} bx - f_{sdc2} A_{sc2} - \alpha_{sU1} f_{sdU2} A_{sU2} + \alpha_{Uj} f_{Ucd}(B-b)x - 0.25 f_{Utud}(B-b)\left(h_2 - \frac{x}{\beta_1}\right) \tag{8.3.2-9}$$

$$\gamma_0 N_d e_{s2} \leqslant \alpha_{U1} f_{Ucd} bx\left(h_0 - \frac{x}{2}\right) + \alpha_{Uj} f_{Ucd}(B-b)x\left(h_0 - \frac{x}{2}\right) - 0.25 f_{Utud}(B-b)\left(h_2 - \frac{x}{\beta_1}\right)\left(\frac{h_2 - x/\beta_1}{2} - a_{s2}\right) \tag{8.3.2-10}$$

$$\alpha_{U1} f_{Ucd} bx\left(e_{s2} - h_0 + \frac{x}{2}\right) + \alpha_{Uj} f_{Ucd}(B-b)x\left(e_{s2} - h_0 + \frac{x}{2}\right) = (f_{sdc2} A_{sc2} - \alpha_{sU1} f_{sdU2} A_{sU2}) e_{s2} + 0.25 f_{Utud}(B-b)\left(h_2 - \frac{x}{\beta_1}\right) \times \left(e_{s2} - \frac{h_2 - x/\beta_1}{2} + a_{s2}\right) \tag{8.3.2-11}$$

8.3.3　对于周边增设 UHPC 层加固的矩形截面偏心受压构件，构件截面受拉边或受压较小边原纵向受力钢筋的应力 σ_{sc2}、新增纵向受力钢筋的应力 σ_{sU2} 以及 UHPC 层的应力 σ_{U2} 应按下列情况采用：

1 当 $\xi \leqslant \xi_b$ 时，为大偏心受压构件，此处，相对受压区高度 $\xi = x/h_0$，$h_0 = h_2 - a_{s2}$，h_2 为加固后截面的高度，ξ_b 按原构件取值。这时，取 $\sigma_{sc2} = f_{sdc2}$，$\sigma_{sU2} = f_{sdU2}$。

2 当 $\xi > \xi_b$ 时，为小偏心受压构件，纵向受力钢筋的应力可按下列公式计算：

$$\sigma_{sc2} = E_{sc2}\varepsilon_{cu}\left[\frac{\beta(h_c + h_{U2} - a_{sc2})}{x} - 1\right] \leqslant f_{sdc2} \quad (8.3.3\text{-}1)$$

$$\sigma_{sU2} = E_{sU2}\varepsilon_{cu}\left[\frac{\beta(h_c + h_{U2} - a_{sU2})}{x} - 1\right] \leqslant f_{sdU2} \quad (8.3.3\text{-}2)$$

$$\sigma_{U2} = E_{U2}\varepsilon_{cu}\left[\frac{\beta\left(h_c + \frac{h_{U2}}{2}\right)}{x} - 1\right] \leqslant f_{Utud} \quad (8.3.3\text{-}3)$$

式中：ε_{cu}——混凝土极限压应变，取 0.0033；

E_{sc2}，E_{sU2}，E_{U2}——分别为原构件纵向受力钢筋、新增纵向受力钢筋以及 UHPC 的弹性模量（MPa）；

h_0——加固后构件截面受拉边或受压较小边纵向普通钢筋 A_{sU2} 和 A_{sc2} 截面重心至受压较大边缘的距离（mm）；

a_{s2}——原构件截面受拉边或受压较小边纵向普通钢筋 A_{sc2} 和新增纵向普通钢筋 A_{sU2} 的合力作用点至加固后截面受拉边或受压较小边的距离（mm）；

h_c，h_2——原构件截面和加固后截面的高度（mm）；

f_{sdc2}——原构件截面受拉侧纵向普通钢筋抗拉强度设计值（MPa）；

f_{sdU2}——构件达到承载能力极限状态时，受拉侧 UHPC 层新增纵向普通钢筋的抗拉强度设计值(MPa)；

f_{Utud} ——UHPC的抗拉强度设计值(MPa)；

x ——加固后构件截面混凝土受压区高度(mm)；

β ——截面受压区矩形应力图高度与实际受压区高度的比值，取 $\beta=0.8$；

a_{sU2} ——新增纵向普通钢筋 A_{sU2} 重心至加固后截面受拉边或受压较小边的距离(mm)；

a_{sc2} ——原构件纵向普通钢筋 A_{sc2} 重心至加固后截面受拉边或受压较小边的距离(mm)；

h_{U1}，h_{U2} ——受压较大边、受拉边或受压较小边增设的UHPC厚度(mm)。

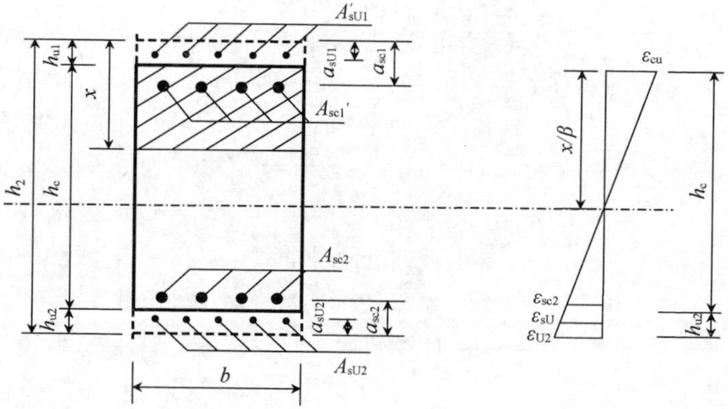

图 8.3.3　构件截面受拉边或受压较小边应力 $\boldsymbol{\sigma}_{sc2}$、$\boldsymbol{\sigma}_{sU2}$ 和 $\boldsymbol{\sigma}_{U2}$ 计算

8.3.4　计算偏心受压构件正截面承载力，当构件长细比 $l_0/i>17.5$ 时，应将轴向力对截面重心的偏心距 e_0 乘以偏心距增大系数 η，其值按下列公式计算：

$$\eta=\left[1+\frac{1}{1\,300e_0/h_0}\left(\frac{l_0}{h_2}\right)^2\zeta_1\zeta_2\right]\psi_\eta \qquad (8.3.4\text{-}1)$$

$$\zeta_1 = 0.2 + 2.7\frac{e_0}{h_0} \leqslant 1.0 \qquad (8.3.4\text{-}2)$$

$$\zeta_2 = 1.15 - 0.01\frac{l_0}{h_2} \leqslant 1.0 \qquad (8.3.4\text{-}3)$$

式中：l_0——构件的计算长度(mm)，按现行行业标准《公路钢筋混凝土及预应力混凝土桥涵设计规范》JTG 3362 的规定选用。

ζ_1——荷载偏心率对截面曲率的影响系数。

ζ_2——构件长细比对截面曲率的影响系数。

ψ_η——偏心距增大系数的修正系数，可按截面增大形式选用：采用对称形式的 UHPC 层加固，当 $e_0/h_2 \geqslant 0.3$ 时，$\psi_\eta = 1.1$；当 $e_0/h_2 < 0.3$ 时，$\psi_\eta = 1.2$；采用非对称形式的 UHPC 层加固，当 $e_0/h_2 \geqslant 0.3$ 时，$\psi_\eta = 1.2$；当 $e_0/h_2 < 0.3$ 时，$\psi_\eta = 1.3$。

8.4 构造要求

8.4.1 采用配筋 UHPC 进行加固时，受力主筋直径宜取 12 mm～28 mm，箍筋及构造钢筋直径宜取 8 mm～16 mm。

8.4.2 钢筋的最小净保护层厚度宜为 15 mm。

8.4.3 钢筋或预应力筋的净距应大于钢筋直径或 1.5 倍的纤维长度。

8.4.4 受拉区新增普通钢筋在 UHPC 中的锚固长度，应符合本标准第 5.5.2 条的规定。

8.4.5 承受疲劳荷载的构件中的钢筋应避免焊接。连接段应放置在低疲劳应力的区域。

8.4.6 增设 UHPC 层时，原构件的混凝土表面宜凿成凹凸差不小于 6 mm 的粗糙面，并宜采取种植钢筋或将加固层新增钢筋与原构件钢筋连接等措施。

8.4.7 植筋的计算和要求应符合现行行业标准《公路桥梁加固设计规范》JTG/T J22 的规定。

8.4.8 受弯构件采用底面增设 UHPC 层加固时，新增纵向受力钢筋宜采用直接焊接或短钢筋焊接方法与原纵向受力钢筋可靠连接在一起。当新增受力钢筋与原受力钢筋的连接采用短筋焊接时，短筋的直径不应小于 25 mm，长度不应小于直径的 5 倍，各短筋的中距不宜大于 500 mm。

8.4.9 对于受压构件加固，构造应符合下列规定：

1 采用两侧 UHPC 加固时，新增纵向受力钢筋中，靠近原纵向受力钢筋（角筋）应布置 1 根新增受力钢筋，并应与原受力钢筋采用短筋焊接。短筋的直径不应小于 20 mm，长度不应小于 $5d$（d 为新增纵向受力钢筋和原纵向受力钢筋直径的较小值），各短筋的中距不应大于 500 mm。

2 采用周边 UHPC 加固（四周外包）时，应新增 U 形箍固定新增纵向受力钢筋，同一水平位置上的新增 U 形箍相互搭接并在搭接段焊接，单面焊的焊缝长度应为箍筋直径的 10 倍，双面焊的焊缝长度应为箍筋直径的 5 倍。

8.4.10 构造接缝应按照图 8.4.10 所示分两阶段进行处理。连接钢筋所占的比例不应小于接缝外 UHPC 截面面积 A_U（厚度为 h_U）的 2.4%。

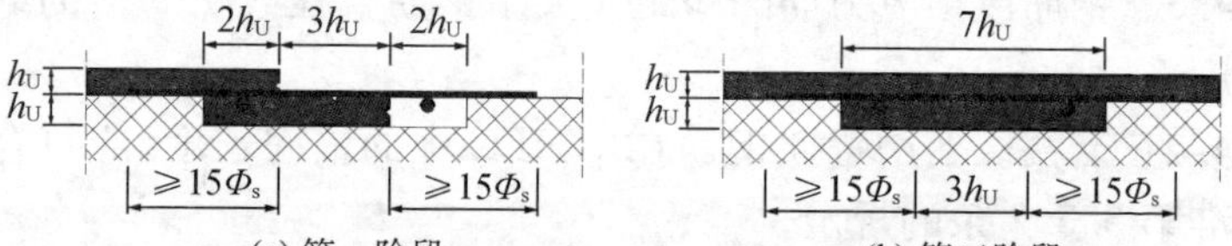

(a) 第一阶段　　(b) 第二阶段

图 8.4.10　UHPC 层的接缝构造细节

9 施工及质量检验

9.1 一般规定

9.1.1 UHPC的施工应符合现行国家标准《活性粉末混凝土》GB/T 31387、《混凝土质量控制标准》GB 50164和现行行业标准《公路桥涵施工技术规范》JTG/T 3650、《城市桥梁工程施工与质量验收规范》CJJ 2的规定。

9.1.2 UHPC的质量检验应符合现行国家标准《混凝土质量控制标准》GB 50164和现行行业标准《城市桥梁工程施工与质量验收规范》CJJ 2的规定。

9.2 施工准备

9.2.1 UHPC施工前应制定详细的施工专项方案，施工专项方案应包括模板和支架、搅拌、运输、浇筑、养护等。

9.2.2 UHPC预混料，钢纤维可预混入，也可另外掺加。预混料宜采用袋装形式包装，各原材料的计量偏差不应大于1%，预混料的总计量偏差不应大于2%。

9.2.3 UHPC预混料运输过程中应密封防潮，储存于干燥、密闭、防潮、不受雨淋的场所，并应按品种、批号分别堆放，不得混堆。

9.2.4 UHPC预混料自出厂之日起超过3个月时，应重新取样复验，复验合格后方可使用。

9.3 模板和支架

9.3.1 模板和支架应有足够的强度、刚度和稳定性，能承受UHPC施工过程中所产生的各种荷载。计算新浇筑UHPC对模板的最大侧压力时，UHPC的重力密度取26 kN/m^3。

9.3.2 UHPC采用蒸汽养护时，模板应采用钢模板。钢模板表面应进行防腐防锈处理。

9.3.3 模板表面宜涂覆水性脱模剂。

9.3.4 模板应在UHPC强度达到40 MPa后方可拆除，并应严格按照施工图设计的要求进行。

9.4 搅 拌

9.4.1 UHPC搅拌方案应包括搅拌能力、施工配合比、计量偏差、搅拌时间、出机均匀性和工作性的检查。搅拌机的上水计量精度应控制在1%以内。

9.4.2 UHPC应采用强制式搅拌机搅拌，搅拌机的转速不宜低于40 r/min。

9.4.3 UHPC拌合前应根据施工配合比精确计量预混料和水的用量，用水量的允许偏差不应大于1%。

9.4.4 UHPC搅拌时间从加水开始计，拌合物流化后继续搅拌不宜少于1 min，总搅拌时间不宜少于3 min。UHPC搅拌完成后，应保证钢纤维不结团。

9.4.5 UHPC拌合物的扩展度应满足施工要求。当拌合物与浇筑地点相距较远时，尚应检验1 h扩展度，1 h扩展度的损失应控制在100 mm以内。当UHPC拌合物扩展度大于650 mm时，宜按照本标准附录B检验钢纤维分布均匀性，UHPC-钢组合桥面板中钢纤维离析程度应符合本标准附录B的SD.Ⅱ及以上的要求。

9.5 运　输

9.5.1 UHPC运输方案应包括运输方式、运输能力和前后工序的匹配性。

9.5.2 UHPC拌合物在运输过程应保证均匀，不产生分层、离析。

9.5.3 UHPC设备的运输能力应保证浇筑的连续性，UHPC加水拌合至浇筑的时间不宜超过120 min，气温超过30℃时不宜超过90 min，静置时间不得超过30 min。

9.6 浇　筑

9.6.1 UHPC浇筑方案应包括界面清理、拌合物工作性的检查、浇筑顺序、振捣方式、施工缝的留设。

9.6.2 UHPC拌合物宜采用泵送方式浇筑，采用泵送方式浇筑时，应符合现行行业标准《混凝土泵送施工技术规程》JGJ/T 10的规定。

9.6.3 现场浇筑的UHPC应连续浇筑，浇筑过程应保证密实性，保持表面湿润，不应出现冷缝。

9.6.4 UHPC宜采用平板振捣器或模外振捣器振捣成型。当采用插入式振捣时，应试验确定对钢纤维分布无影响。浇筑和成型过程中应保证UHPC密实、钢纤维分布均匀以及构件的整体性，避免拌合物分层、离析以及钢纤维外露。

9.6.5 预制结构中的接缝界面处，应先对原结构表面混凝土进行凿毛并充分湿润，再浇筑UHPC。

9.7 养　护

9.7.1 UHPC蒸汽养护时应符合现行国家标准《活性粉末混凝

土》GB/T 31387 的规定。

9.7.2 UHPC 常温养护应符合下列规定：

1 UHPC 浇筑完成后，应及时进行保湿养护和薄膜覆盖。

2 UHPC–钢组合桥面板，宜在覆膜前喷雾增湿，混凝土终凝前增加二次抹压过程。

3 UHPC 构件、预制构件连接及维修加固保湿养护不宜小于 7 d，UHPC–钢组合桥面板保湿养护不宜小于 14 d，且不应小于 7 d。

9.8 高温期和冬期施工

9.8.1 UHPC 高温期施工应符合下列规定：

1 UHPC 的施工宜避开中午高温的时间。

2 UHPC 预混料宜避光存放。

3 搅拌用水宜添加冰屑等，拌合用水温度不宜高于 20℃。

9.8.2 UHPC 冬期施工采用蓄热养护措施时，蓄热养护时间应保证 UHPC 抗压强度达到 40 MPa。

9.9 质量检验

9.9.1 UHPC 质量检验可分为原材料进场检验、施工前的配合比检验及施工过程中的现场抽检。

9.9.2 原材料进场检验应符合下列规定：

1 预混料的包装进场检验项目：是否受潮、是否漏料、保质期、合格证、包装规格，每 100 t 相同配比的预混料检验不应少于 5 次。

2 钢纤维不预混时，钢纤维的质量检验应符合现行国家标准《活性粉末混凝土》GB/T 31387 的规定，每 100 t 钢纤维检验不应少于 1 次。

9.9.3 施工前的配合比检验应符合下列规定：

1　配合比检验应采用工程实际使用的原材料。

2　力学性能和施工性能应检测表 9.9.3 中所列的项目，各项指标应符合设计要求。

表 9.9.3　UHPC 配合比检验项目

序号	材料性能(28 d 标准养护)	试验方法
1	抗压强度(MPa)	《活性粉末混凝土》GB/T 31387
2	3 d 抗压强度(MPa)	
3	弹性段抗拉强度(MPa)	本标准附录 A
4	极限抗拉强度(MPa)	
5	极限抗拉强度/弹性段抗拉强度	
6	极限拉伸应变(%)	
7	弹性模量(GPa)	《活性粉末混凝土》GB/T 31387
8	28 d 收缩率	《普通混凝土长期性能和耐久性能试验方法标准》GB/T 50082
9	初始坍落扩展度(mm)	《自密实混凝土应用技术规程》JGJ/T 283
10	1 h 坍落扩展度(mm)	
11	钢纤维分布均匀性	本标准第 9.4.5 条和附录 B

3　对于配合比检验，如全部检验项目符合设计和本标准要求，则判定该产品合格；如检验项目不完全符合设计和本标准的要求，则重新取样，取样数量加倍。如取样结果全部合格，则判定合格；如重新取样检验项目不符合设计和本标准要求，则判定不合格。

4　同一标段、同一配合比施工前进行一次配合比检验。如施工过程中配合比有调整，应对调整后的 UHPC 重新检测表 9.9.3 所列的项目。

9.9.4　施工过程中的现场抽检应符合下列规定：

1　同一标段、同一配合比、同一生产批号材料情况下，应连续浇筑 200 m^3 且前后施工不超过 1 个月为一批进行抽检。每批取样检验不应少于1次，检验项目按表9.9.4要求进行。

2 每施工日应检测表9.9.4中第1～3项。

表9.9.4 UHPC现场抽检项目

序号	材料性能(28 d标准养护)	试验方法
1	抗压强度(MPa)	《活性粉末混凝土》GB/T 31387
2	初始坍落扩展度(mm)	《自密实混凝土应用技术规程》JGJ/T 283
3	1 h坍落扩展度(mm)	
4	弹性段抗拉强度(MPa)	本标准附录A
5	极限抗拉强度(MPa)	
6	极限抗拉强度/弹性段抗拉强度	
7	极限拉伸应变(%)	
8	钢纤维分布均匀性	本标准第9.4.5条和附录B

9.9.5 成型后的UHPC应均匀完好，不应有龟裂和收缩裂纹现象，并应衔接密实，无脱空、台阶现象。

附录A 拉伸试验

A.1 一般规定

A.1.1 应采用无缺口 UHPC 试件测试在单轴拉伸作用下荷载-位移曲线。

A.1.2 UHPC 弹性抗拉强度、弹性极限应变、抗拉强度、极限拉应变和抗拉弹性模量的测定应按本附录执行。

A.2 试件和试验设备

A.2.1 拉伸试验设备的最大试验力范围宜为 200 kN～300 kN。

A.2.2 试验量测设备应能测量抗压及抗拉强度，测量力的误差范围在±1%，位移传感器量程在±5 mm～±30 mm，线性最大偏移量为±0.2%，测量长度和厚度的工具的允许误差要求不得超过±0.05 mm。

A.2.3 试验夹具设计应避免偏心及次弯矩。

A.2.4 中间纯拉段固定有2个矩形金属架，二者之间的距离，即试件的测试标距 L 为 150 mm。

A.2.5 两个金属架之间安装4个精度为 0.0001 mm 的线性可变位移计。

A.3 试件制造和准备

A.3.1 试件应符合下列规定：

1　试件形状和尺寸见图 A.3.1。

2　每组试验应制作 6 个试件。

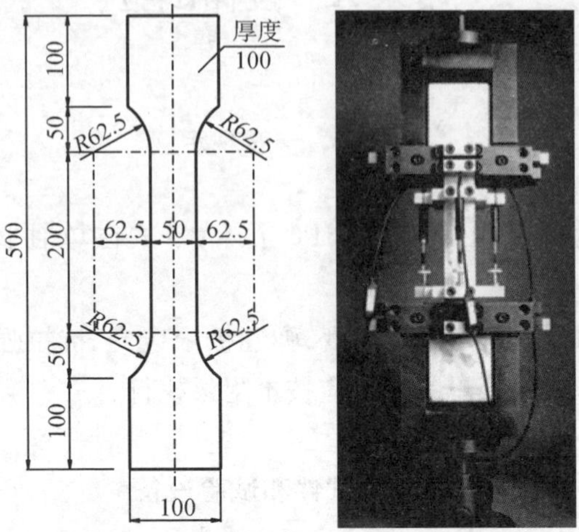

图 A.3.1　单轴拉伸试验试件尺寸(mm)

A.3.2　试件制作应符合下列规定：

1　材料搅拌均匀后应一次性连续浇筑成型。

2　对于扩展度小于 650 mm 的 UHPC，在试件成型过程中可进行插捣。

A.3.3　试件浇筑成型后应立即覆盖塑料膜，并储存在 20℃环境中。试件浇筑完 24 h 后进行拆模并进行标准养护，在 28 d 试验前提前取出晾置 3 d～5 d。

A.4　试验实施

A.4.1　每个试件承受单调荷载，试验前宜进行 0.5 kN 的预加载，正式试验按照位移速度 0.05 mm/min 施加，直至试件拉力下降至峰值拉力的 50%时结束试验。测试应变硬化型 UHPC 时，可在残余力达到峰值拉力的 80%时停止加载。

A.4.2 试件中如出现试件拉伸断在 150 mm 标距外的情况，即轴拉荷载-位移曲线出现倒缩现象，测试得到的应变硬化段部分可认为有效。

A.5 强度和变形的确定

A.5.1 弹性抗拉强度应按下式计算：

$$f_{\mathrm{Ute}}=\frac{F_{\mathrm{A}}}{b_{\mathrm{m}}\cdot h_{\mathrm{m}}} \tag{A.5.1}$$

式中：F_{A} ——弹性极限拉力；

b_{m}，h_{m} ——分别为标距段中心截面的宽度和高度，取沿标距段纵向等间距 3 个不同测量位置的平均值。

A.5.2 抗拉强度应按下式计算：

$$f_{\mathrm{Utu}}=\frac{F_{\mathrm{B}}}{b_{\mathrm{m}}\cdot h_{\mathrm{m}}} \tag{A.5.2}$$

式中：F_{B} ——试验最大拉力。

A.5.3 抗拉极限拉应变应按下式计算：

$$\varepsilon_{\mathrm{Utu}}=\frac{d_{\mathrm{m}}}{L_{\mathrm{m}}} \tag{A.5.3}$$

式中：$\varepsilon_{\mathrm{Utu}}$ ——F_{B} 对应的应变；

d_{m} ——F_{B} 对应的平均位移；

L_{m} ——标距段的平均长度。

A.5.4 试验结果的评判应符合下列规定：

1 根据 A.4.1、A.4.2 的试验算出每个 UHPC 试件的弹性抗拉强度 f_{Ute}、极限抗拉强度 f_{Utu} 以及 $f_{\mathrm{Utu}}/f_{\mathrm{Ute}}$。

2 每组试件中不少于 3 个试件具备应力-应变全曲线(包括

弹性段和塑性段)，即判定本组试验有效；反之，则判定为无效。

3 满足性能等级的有效试件数量不应少于 3 个。

4 f_{Utek} 和 f_{Utuk} 的测试值取有效试件的最小值。

A.6 试验报告

A.6.1 试验报告应包含下列基本信息：

1 委托方的名称和地址，测试对象。

2 实验室名称和试验负责人。

3 试件的制作和试验日期。

4 试件的尺寸测量(包括长度、宽度、厚度)。

A.6.2 试验报告应列出下列试验结果：

1 完整的应力-应变图。

2 弹性阶段应力的最大值 f_{Ute} 以及对应的应变 ε_{Ute}。

3 应变软化型为拉伸应变达到 0.15% 时对应的拉应力，应变硬化型为最大极限应力 f_{Utu} 和极限应变 ε_{Utu}。

4 f_{Utu}/f_{Ute} 比值。

附录 B　超高性能混凝土拌合物中钢纤维分布均匀性的检验方法

B.0.1　本检测方法适用于测定桥梁工程用 UHPC 拌合物中钢纤维分布均匀性。

B.0.2　倒置坍落度筒装置应符合下列规定：

1　坍落度筒应符合现行行业标准《混凝土坍落度仪》JG/T 248 的规定。倒置坍落度筒装置是将坍落度筒倒置于支架上，筒口由翘板封住，安装时应保持倒坍落度筒轴线的垂直度(图 B.0.2)。

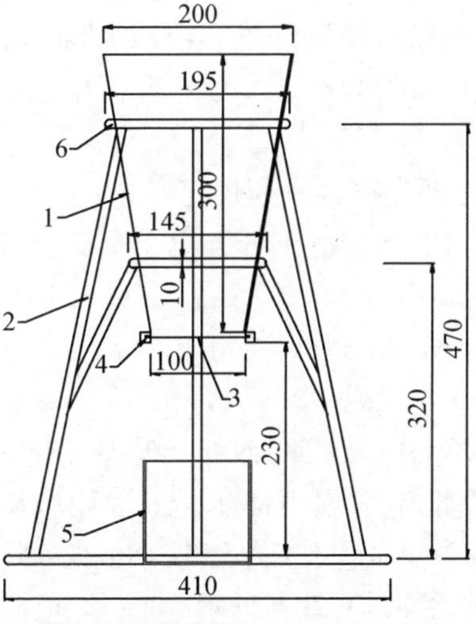

1—坍落度筒；2—钢制支架；3—翘板；4—钢制凹槽；
5—容重筒，体积为 1 L；6—钢制环箍

图 B.0.2　倒置坍落度筒装置(mm)

2 电子天平：称量 1 kg，感量 1 g(用于称量钢纤维)。

3 容量筒：标准 1 L 容量筒 2 个。

4 振槌：重量为 1 kg 的木槌。

5 其他：铁铲、容器、磁铁等。

B.0.3 试验步骤应符合下列规定：

1 将拌合物灌到高出坍落度筒口，振槌沿坍落度筒侧壁均匀敲击，左右侧壁各 10 次。刮去多余的拌合物，并填平表面凹陷部分。

2 抽出翅板，放出坍落度筒中拌合物填满 1 L 标准容量筒，然后立即闭合翅板，取出容量筒；再缓缓抽出翅板继续放料，当坍落度筒中剩余约 1/3 拌合物时，用另一个 1 L 标准容量筒接住，将两个容量筒振实，表面刮平，分别做好标记。

3 将两个容量筒中拌合物分别倒入不小于 10 倍拌合物体积的大容器中，加水搅拌。可将稀浆慢慢倒出，在所余的砂石及钢纤维残渣中用磁铁搜集钢纤维，并仔细洗净粘附在纤维上的异物。必要时，将收集的纤维倒入另外容器中二次加水搅拌，重新收集。

B.0.4 钢纤维处理应符合下列规定：

1 实验室做法：收集的钢纤维应在 105℃±5℃的温度下烘干至恒重，烘干时间不应少于 4 h，每隔 1 h 称量 1 次，直至连续 2 次称量之差小于较小值的 0.5%时为止。冷却至室温后应称其重量，钢纤维精确至 1 g。

2 施工现场做法：收集的钢纤维晾晒于筛网中，可采用吹风机、吸水纸等辅助措施清理表面水分，直至吸水纸表面无明显水渍，再连续称量 2 次，称量之差小于较小值的 1%即可。

注意：区分两个容量筒中收集的钢纤维，处理过程中钢纤维不可有丢失。

B.0.5 钢纤维含量应按下式计算：

$$W_s = \frac{m_s}{V} \tag{B.0.5}$$

式中：W_s ——UHPC 中钢纤维含量(kg/m^3)；

m_s ——容量筒中钢纤维质量(g)；

V ——容量筒容积(L)，本试验为 1 L。

B.0.6 钢纤维的体积率应按下式计算：

$$\rho_s = \frac{W_s}{\gamma_s} \times 100\% \tag{B.0.6}$$

式中：ρ_s ——UHPC 中钢纤维体积率(%)；

γ_s ——钢纤维的质量密度(kg/m^3)。

B.0.7 计算得到两个容量筒中钢纤维体积率之差与二者平均值之比为 n，UHPC 中钢纤维均匀性以离析程度 SD 表示，UHPC 拌合物离析程度判定见表 B.0.7。

表 B.0.7 UHPC 拌合物离析程度判定

离析程度等级	n
SD. Ⅰ	$n<10\%$
SD. Ⅱ	$10\%\leqslant n<20\%$
SD. Ⅲ	$20\%\leqslant n<40\%$
SD. Ⅳ	$n\geqslant40\%$

本标准用词说明

1 为便于在执行本标准条文时区别对待，对要求严格程度不同的用词说明如下：

1） 表示很严格，非这样做不可的用词：

正面词采用“必须”；

反面词采用“严禁”。

2） 表示严格，在正常情况下均应这样做的用词：

正面词采用“应”；

反面词采用“不应”或“不得”。

3） 表示允许稍有选择，在条件许可时首先应这样做的用词：

正面词采用“宜”；

反面词采用“不宜”。

4） 表示有选择，在一定条件下可以这样做的用词，采用“可”。

2 条文中指明应按其他有关标准执行时的写法为“应符合……的规定”或“应按……执行”。

引用标准名录

1 《通用硅酸盐水泥》GB 175
2 《混凝土结构加固设计规范》GB 50367
3 《混凝土外加剂》GB 8076
4 《电弧螺柱焊用圆柱头焊钉》GB/T 10433
5 《高强高性能混凝土用矿物外加剂》GB/T 18736
6 《活性粉末混凝土》GB/T 31387
7 《普通混凝土拌合物性能试验方法标准》GB/T 50080
8 《混凝土物理力学性能试验方法标准》GB/T 50081
9 《普通混凝土长期性能和耐久性能试验方法标准》GB/T 50082
10 《混凝土外加剂应用技术规范》GB 50119
11 《混凝土质量控制标准》GB 50164
12 《城市桥梁工程施工与质量验收规范》CJJ 2
13 《城市桥梁抗震设计规范》CJJ 166
14 《道桥用防水涂料》JC/T 975
15 《混凝土坍落度仪》JG/T 248
16 《混凝土用水标准》JGJ 63
17 《高性能混凝土用骨料》JG/T 568
18 《混凝土泵送施工技术规程》JGJ/T 10
19 《自密实混凝土应用技术规程》JGJ/T 283
20 《公路钢筋混凝土及预应力混凝土桥涵设计规范》JTG 3362
21 《公路工程技术标准》JTG B01
22 《公路桥涵设计通用规范》JTG D60

23 《公路钢结构桥梁设计规范》JTG D64
24 《公路工程混凝土结构耐久性设计规范》JTG/T 3310
25 《公路钢混组合桥梁设计与施工规范》JTG/T D64—01
26 《公路桥梁抗震设计规范》JTG/T 2231—01
27 《公路桥涵施工技术规范》JTG/T 3650
28 《公路桥梁加固设计规范》JTG/T J22
29 《预拌混凝土生产技术标准》DG/TJ 08—227

上海市工程建设规范

桥梁工程超高性能混凝土应用技术标准

DG/TJ 08—2401—2022

J 16324—2022

条文说明

2023　上海

目　次

Contents

1 总 则

1.0.1,1.0.2 本标准对应用 UHPC 材料作为桥梁新建结构、维修加固结构设计、施工及质量检验作了规定。

2 术语和符号

本章仅将本标准出现的、人们比较生疏的术语列出。术语的解释,其中部分是国际公认的定义,但大部分是概括性的含义,并非国际或国家公认的定义。术语的英文名称不是标准化名称,仅供引用时参考。

3　超高性能混凝土材料

3.1　材料组成

3.1.1～3.1.4　材料组分通常由水泥、硅灰、石英粉、石英砂、减水剂等组成。可含有矿物掺合料如粉煤灰、磨细高炉矿渣、石灰石粉等,也可添加适合的无机颜料。原材料基本要求宜按现行国家标准《活性粉末混凝土》GB/T 31387 的规定执行,允许使用非硅质粉体材料和骨料,不限制粉体材料和骨料中的二氧化硅含量。粉体材料与骨料,在保证无放射性、无有害成分的前提下,鼓励选用工业固体废料。材料进场时应对品种、级别、包装及出厂日期等进行检查,并应对主要性能指标按照现行国家标准《活性粉末混凝土》GB/T 31387 进行复检,材料质量必须符合此标准的要求。

3.1.5　由于钢纤维生产工艺及加工技术的不断发展,钢纤维种类不断增多,性能也不断改善。因此,只要能够保证 UHPC 性能要求的钢纤维,本标准都建议采用,本条文规定了微细钢纤维的尺寸范围。

3.2　材料性能

3.2.1　采用粗骨料粒径大于 5 mm 时,UHPC 的立方体抗压强度按现行国家标准《混凝土物理力学性能试验方法标准》GB/T 50081 的规定,尺寸换算系数宜由试验确定,在未进行试验确定的情况下,对 100 mm×100 mm×100 mm 试件可取 0.95。UHPC 的立方体抗压强度标准值应大于 120 MPa。按 UHPC

的抗压性能、抗拉性能等级顺序对混凝土的性能进行分级标记。各类分类中重复的“U”字符，只保留首个，各类分级间空一格。

3.2.2 根据现行行业标准《公路钢筋混凝土及预应力混凝土桥涵设计规范》JTG 3362，轴心抗压强度标准值为棱柱体抗压强度，与混凝土强度等级（立方体抗压强度标准值）的关系为 $f_{ck}=0.88\alpha f_{cu,k}$，$\alpha$ 为棱柱体抗压强度与立方体抗压强度的比值，按国内外 UHPC 相关数据及标准，宜取 0.8，即 $f_{ck}=0.7f_{cu,k}$。

3.2.3 轴心抗压强度设计值：在轴心抗压强度标准值的基础上材料分项系数采用 1.45 后得到抗压强度设计值，则有 $f_{cd}=f_{ck}/1.45$。国内外大量研究表明，UHPC 受压应力应变曲线在达到峰值压应力的 80%之前呈现出高度的线弹性特征，而且在达到抗压强度后，虽有钢纤维的增韧作用不至于突然压碎或爆裂，但其延性明显低于普通混凝土。为保证结构安全，在进行极限承载力设计时，取正截面受压区边缘的压应变达到抗压强度设计值对应的峰值压应变时的状态为承载能力极限状态，即受压区应力呈三角形分布，但在非线性结构分析和承载力设计时可分别采用图 3-1 和图 3-2 所示受压应力应变曲线。

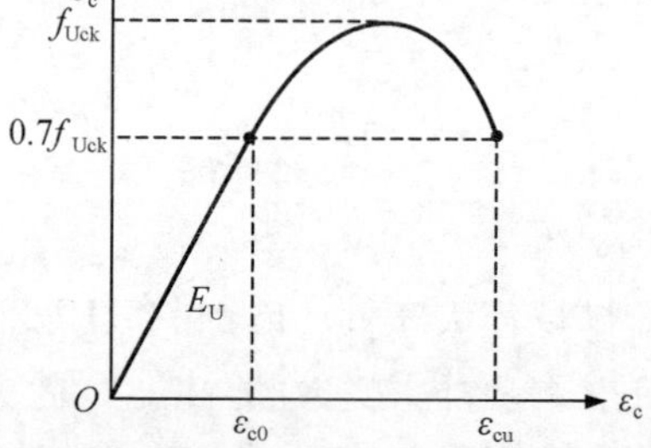

图 3-1 非线性结构分析可采用的 UHPC 受压应力应变曲线

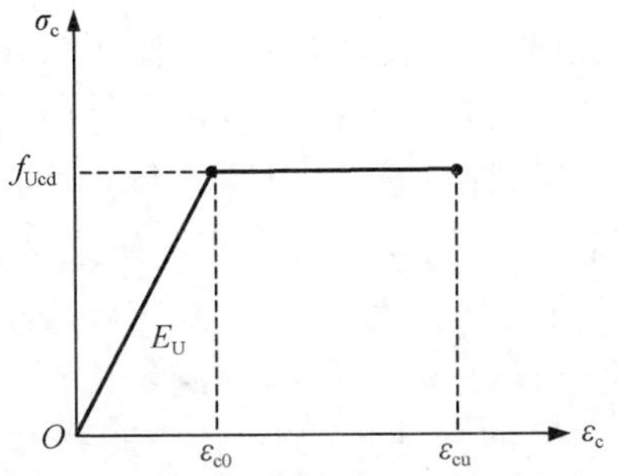

图 3-2　承载力设计时采用的 UHPC 受压应力应变曲线

3.2.5　抗拉性能是 UHPC 的基本力学性能之一。由于 UHPC 抗拉性能受纤维掺量、纤维分布以及构件尺寸等多种因素影响，可呈现出拉伸应变软化、低应变硬化和高应变硬化特征。为了方便结构设计，故本标准通过弹性抗拉强度、抗拉强度以及抗拉强度对应的峰值应变来限制各抗拉性能等级 UHPC 应满足的最低抗拉性能要求。如：UT 0 代表弹性抗拉强度标准值为 7 MPa 的应变软化 UHPC，$f_{\mathrm{Utuk}}/f_{\mathrm{Utek}}=0.7$ 指断后残余抗拉强度标准低于弹性抗拉强度标准值。

3.2.7　根据 UHPC 应用情况的不同，UHPC 抗拉强度设计值会有不同的分项系数。

3.2.11　UHPC 的总收缩为自收缩与干燥收缩之和。自收缩与干燥收缩的机理相同，区别仅在于前者源于内部自生干燥，后者是水分散失引起干燥。UHPC 的水/胶比和水/灰比非常低，故内部自生干燥出现较早、干燥程度较大，所导致的自收缩也相对较早较大；与此同时，可供蒸发损失的水分较少，故干燥收缩较小。日本的研究显示，当水/胶比介于 0.23～0.17 时，总收缩中 80% 以上来源于自收缩。采用湿热养护，UHPC 的自收缩可较快完成。90℃高温蒸汽养护后，恒温 48 h，可视为收缩完成，体积稳定。

普通混凝土降低自收缩或收缩补偿的方法也适用于UHPC。研究和工程实践证明，采用内养护技术、使用减缩剂、使用膨胀剂等，对减小UHPC收缩是有效的。但在选择使用这些技术、方法和材料之前，需要试验评估它对UHPC力学性能的影响。

3.2.14 UHPC配合比需满足自密实和桥梁结构纵横坡成型的施工工艺要求：①当纵坡、横坡≤3%时，“初始坍落扩展度”和“1 h坍落扩展度”需符合设计要求，同时应满足UHPC现场施工的可操作性要求。②当纵坡、横坡>3%时，应调整UHPC的触变性，以避免施工时产生溜坡现象。调整配合比后，需重新检测UHPC的技术性能指标，并符合设计要求。

4　超高性能混凝土结构设计基本规定

4.0.1　极限状态设计采用了分项系数的表达方式，其中作用设计值由作用标准值乘以相应的分项系数表示，此两值在现行行业标准《公路桥涵设计通用规范》JTG D60 中作了规定；材料强度设计值由本标准直接给出(见第 3 章)，来源为材料强度标准值除以相应的抗力(材料)分项系数，抗力(材料)分项系数在本标准的条文说明中给出。

4.0.6　徐变发展规律与 UHPC 应力水平关系密切，当 UHPC 压应力小于 40%抗压强度标准值、拉应力小于弹性抗拉强度时，可采用线性徐变理论，按本标准第 3.2.11 条相关规定进行徐变变形及次效应分析。

4.0.7　UHPC 材料拉伸本构关系受钢纤维体积掺量、钢纤维端部形状、纤维长度等诸多因素影响而呈现不同形态。若 UHPC 基体开裂后，钢纤维抗拉能力显著高于 UHPC 基体开裂前抗拉能力，则为应变硬化类型；若钢纤维抗拉能力低于 UHPC 基体开裂前抗拉能力，则为应变软化类型；二者大致相等时为低应变硬化类型。应变软化型 UHPC 机体开裂后，裂缝呈现集中开裂现象，随着荷载增加裂缝宽度迅速扩展，而应变硬化型 UHPC 则可形成大量细密的微裂纹，表现出良好的韧性，受力及耐久性能均更为优良。因此，新建结构建议采用应变硬化型 UHPC。

配筋 UHPC 的本构关系采用图 4.0.7 中的双折线类型，通常而言，UHPC 的应变硬化性能会因钢筋的协同作用而有所增强。

4.0.8　UHPC 结构的作用效应计算与常规结构类似，可按现有标准中的相关规定执行。与普通混凝土相比，UHPC 具有优良的抗拉性能，应在承载力计算中予以计入。但当配筋 UHPC 的拉应变值达到 2.0ε_{Utu} 时，UHPC 进入较为明显的应变软化阶段，计算时认为超过此拉应变水平时 UHPC 抗拉退出工作是偏安全的，为简化计算公式，不再计入应力应变曲线软化段 UHPC 抗拉贡献。结构设计中利用 UHPC 抗拉强度时，采用计入材料非线性本构关系的有限元计算方法，可得到更为精确的计算结果。

5 超高性能混凝土构件设计

5.1 一般规定

5.1.3 本条规定了 UHPC 正截面承载力计算的基本假定。

1 受弯构件在截面边缘配筋达到屈服强度时截面平均应变基本满足平截面假定，此假定为正截面承载力计算公式推导的基本假定。

2 不同于普通钢筋混凝土构件在正截面承载力计算时不计入受拉区混凝土抗拉能力作用，UHPC 材料具有较高的抗拉强度，特别是应变硬化型 UHPC 在抗拉屈服后还具有相当的延性性能，当 UHPC 极限拉应变不小于 2 000 μ 时，受拉区 HRB 400 级钢筋可达屈服强度，因此在正截面承载力计算中应计入 UHPC 抗拉强度的贡献。通过 UHPC 构件轴拉性能试验研究发现，对于应变硬化型 UHPC，在受拉区 UHPC 达到甚至超过极限拉应变一定程度时，抗拉强度仍能维持较高水平。结合国外研究资料及轴拉试验研究成果，认为当 UHPC 拉应变不超过 $2.0\varepsilon_{\mathrm{Utu}}$ 时，可在承载力计算中计入抗拉强度；当拉应变超过此水平时，认为 UHPC 抗拉退出工作，本项简化对构件承载力验算是偏安全的。

3 UHPC 材料抗压强度高，对受弯构件，在承载能力极限状态受压区高度往往远低于受拉区高度。当受拉区边缘应变不超过上述第 2 款的条件时，受压边缘应力不一定能达到材料抗压强度值，实际受压区应力分布为三角形分布。

4 UHPC-普通钢筋混凝土组合构件中，受拉区普通混凝土的抗拉能力不计入，在受压区普通混凝土应力分布按矩形分布简化计入。

5.2 持久状况承载力极限状态计算

5.2.1 UHPC 轴心受拉构件抗拉承载力验算计入 UHPC 材料抗拉强度，但 UHPC 抗拉延性平台长度相比钢材还有较大差距，特别是对于配置预应力钢筋的情况，当 UHPC 拉应变达到 2.0 倍极限拉应变时，预应力钢筋可能尚未达到屈服强度，应按等应变原则计入抗拉承载力包络值：取 UHPC 材料充分发挥抗拉强度时预应力钢筋在同应变下对应的抗拉承载力和预应力钢筋充分发挥抗拉强度而 UHPC 材料退出抗拉时对应的抗拉承载力的大值。如图 5-1 所示，N_A 为截面受拉区 UHPC 充分发挥抗拉能力时(边缘 UHPC 抗拉未退出工作)截面的抗拉能力；N_B 为截面受拉钢束充分发挥抗拉强度时(部分靠近受拉边缘的 UHPC 抗拉退出工作)截面的抗拉能力，此时截面的抗拉承载力应取 N_A 和 N_B 中的大值。

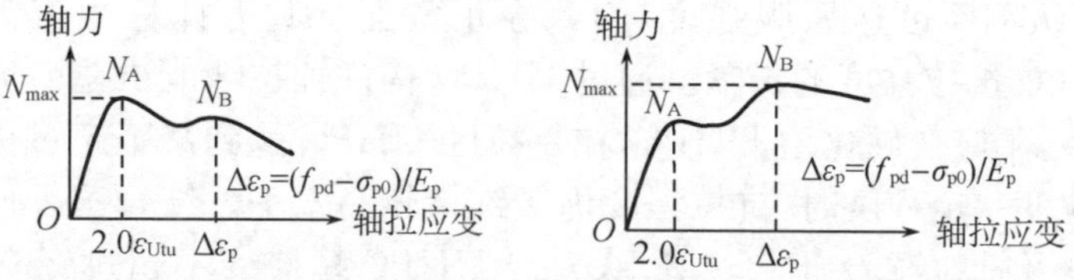

情形1：抗拉承载力由UHPC抗拉能力充分发挥控制（配束较少，或钢束初应力水平较高）

情形2：抗拉承载力由钢束抗拉能力充分发挥控制（配束较多且钢束初应力水平较低）

图 5-1　UHPC 轴拉构件抗拉承载力曲线(配普通钢筋及预应力钢筋)

需要指出的是，对仅设置普通钢筋的应变硬化型 UHPC 轴拉构件(图 5-2)，当 UHPC 抗拉开裂退出工作前，普通钢筋已屈服，此时普通钢筋无法再承受 UHPC 开裂后释放的拉力，将使得构件迅速破坏。本条中抗拉承载力指受荷过程中能达到的荷载最大值，构件有延性需求时应将荷载限定在仅由普通钢筋或预应力钢筋承受轴向力的范围。

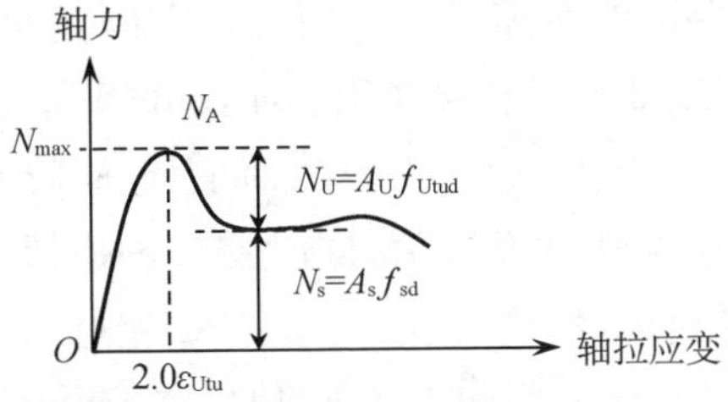

图 5-2　UHPC 轴拉构件抗拉承载力曲线(仅配普通钢筋)

5.2.2　矩形截面 UHPC 受弯构件抗弯承载力计算

1　当截面仅配普通钢筋时

对仅配置普通钢筋的矩形截面 UHPC 受弯构件抗弯承载力计算时,按第 5.1.3 条计算假定及截面内力平衡方程确定受压区高度。当截面受拉边缘 UHPC 拉应变达到 2.0 倍极限拉应时,受拉区 UHPC 抗拉能力充分发挥,此时受拉钢筋也已屈服,截面达到抗弯承载力极限(如图 5-3 所示,M_A 为截面受拉区 UHPC 充分发挥抗拉能力时截面的抗弯能力,边缘 UHPC 抗拉未退出工作)。此时,受压侧 UHPC 压应力由应变协调及截面内力平衡关系得出,由于 UHPC 材料抗压强度较高,根据本条方法得出的受压边缘 UHPC 压应力不一定能达到抗压强度设计值。

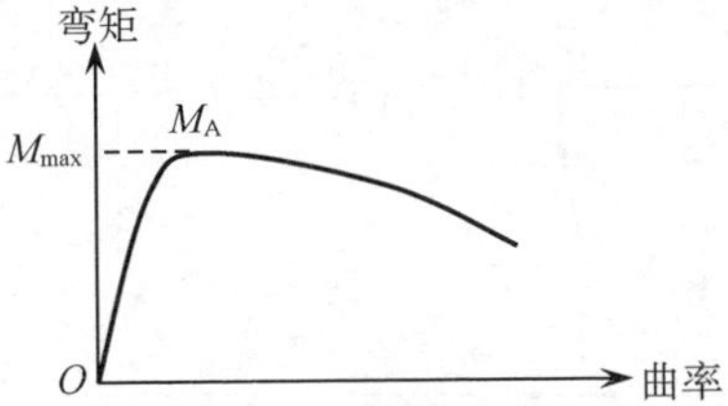

图 5-3　UHPC 受弯构件抗拉承载力曲线(仅配普通钢筋)

需要指出的是,现有国外 UHPC 规范中受弯构件抗弯承载力计算假定都提及平截面假定(两类计算模式如图 5-4、图 5-5 所示),但均未直接给出任何截面类型的抗弯承载力计算公式,仅给出一般断面受弯构件在满足平截面假定下的截面各部分应变关系图示，不便于设计人员直接使用。而国外规范受弯构件抗弯承载力计算模式 1 中默认满足平截面假定时截面受压侧边缘 UHPC 压应力达到强度设计值，同时受拉侧边缘 UHPC 抗拉有效，并未提出受拉边缘一定范围内 UHPC 超过 $2.0\varepsilon_{Utu}$ 后抗拉退出；这一图示假定下，截面内力平衡条件、受拉受压侧边缘 UHPC 的应力状态与平截面假定变形协调间通常不能自洽，按图 5-4 所示计算构件抗弯承载力往往会高估，进而使设计偏不安全。

因此，本标准受弯构件截面应力由应变关系协调（满足平截面假定）与截面内力平衡条件双约束条件下得出，UHPC 拉应变超过 $2.0\varepsilon_{Utu}$ 后不再计入 UHPC 抗拉贡献。

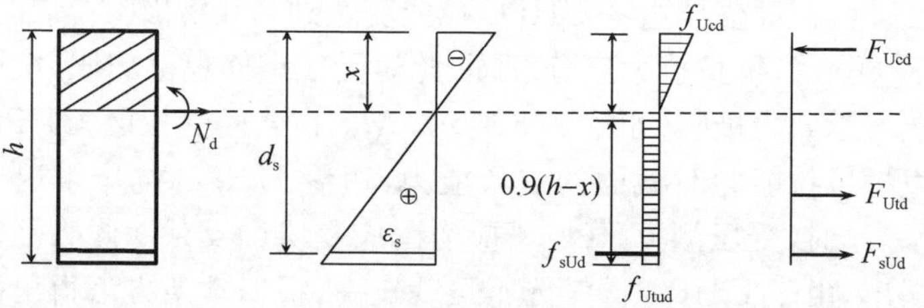

图 5-4　受弯构件抗弯承载力计算模式 1

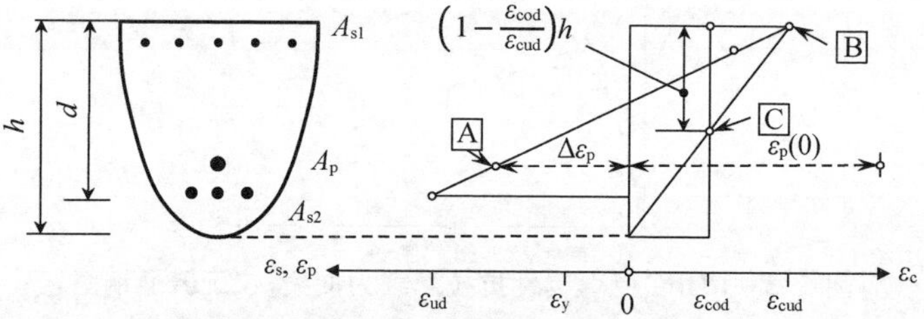

A – 钢筋拉应变极限

B – 纤维增强超高性能混凝土压应变极限

C – 纤维增强超高性能混凝土轴压应变极限

图 5-5　受弯构件抗弯承载力计算模式 2

[示例 1]矩形截面受弯承载力计算(仅配置普通钢筋)

以 $b=500$ mm，$h=1\ 000$ mm 截面为示例计算，受拉钢筋采用 8 根 25 mm 钢筋，$A_s=3\ 928\ \text{mm}^2$，受压钢筋采用 4 根 25 mm 钢筋，$A'_s=1\ 964\ \text{mm}^2$，$a_s=55$ mm，$a'_s=40$ mm，截面如图 5-6 所示。取 UC 180 等级 UHPC，$f_{\text{Utud}}=6.2$ MPa，$E_{\text{Uc}}=4.5\times10^4$ MPa，$\varepsilon_{\text{Utu}}=0.002$，$f_{\text{sd}}=330$ MPa，$E_s=2\times10^5$ MPa。

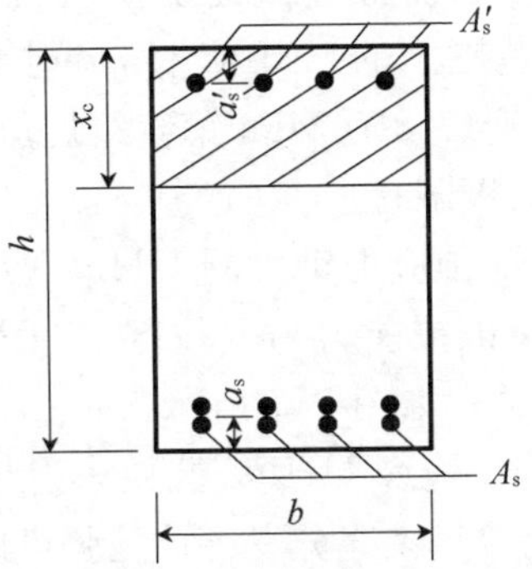

图 5-6 矩形截面 UHPC 受弯构件正截面承载力计算示例
(仅配置纵向普通钢筋)

由式(5.2.2-2)并带入式(5.2.2-3)~式(5.2.2-8)，求出 x_c，

$$F_{\text{Uc}}+E_sA'_s\varepsilon'_s=F_{\text{Ut}}+f_{\text{sd}}A_s$$

即

$$0.5E_{\text{Uc}}\cdot\frac{x_c}{h-x_c}2.0\varepsilon_{\text{Utu}}\cdot bx_c+E_sA'_s\cdot\frac{x_c-a'_s}{h-x_c}2.0\varepsilon_{\text{Utu}}$$
$$=0.9f_{\text{Utud}}b(h-x_c)+f_{\text{sd}}A_s$$

求解 x_c 的一元二次方程，得出

$$x_c=229.0\ \text{mm}<\xi_bh_0=0.62\times(1\ 000-55)=585.9\ \text{mm}$$

此时，受压边缘 UHPC 的压应力 $\sigma_{\text{Uc}}=53.5\ \text{MPa}\leqslant f_{\text{Ucd}}=$

87 MPa。

由式(5.2.2-1)可计算出截面的抗弯承载力为 $M_u=$ 2 380.5 kN·m。

2 当截面同时配预应力钢筋及普通钢筋时

配置体内钢束及普通钢筋的矩形截面 UHPC 受弯构件抗弯承载力计算时，按本标准第 5.1.3 条计算假定及截面内力平衡方程确定受压区高度，平衡方程截面受拉区抗力计入拉应变小于 2.0 倍极限拉应变范围内的 UHPC 材料抗拉强度效应。由于预应力钢束的屈服应变(1 860 MPa 钢绞线屈服应变约 9 000 μ)远高于 2.0 倍 UHPC 极限拉应变(4 000 μ)，二者不一定能同时发挥最大抗拉能力。配预应力钢束的 UHPC 受弯构件抗弯承载力与钢束初应变、钢束抗拉能力与受拉区 UHPC 抗拉能力的相对大小关系等因素有关。如图 5-7 所示，M_A 为截面受拉区 UHPC 充分发挥抗拉能力时(边缘 UHPC 抗拉未退出工作)截面的抗弯能力；M_B 为截面受拉钢束充分发挥抗拉强度时(部分靠近受拉边缘的 UHPC 抗拉退出工作)截面的抗弯能力，截面抗弯承载力 M_{max} 视钢束初应变、钢束面积等参数而定。

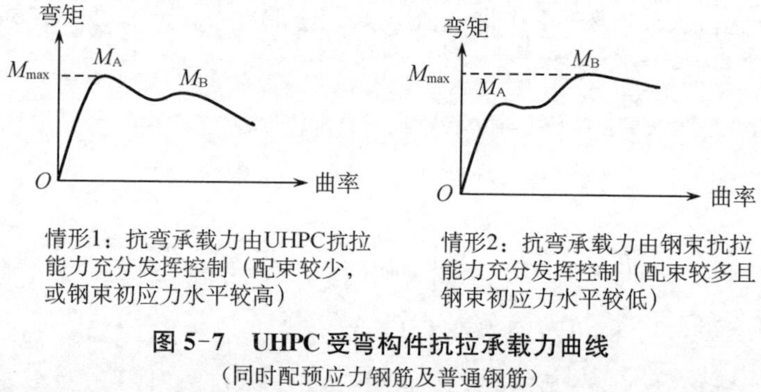

图 5-7 UHPC 受弯构件抗拉承载力曲线

(同时配预应力钢筋及普通钢筋)

[示例 2]矩形截面受弯承载力计算(同时配置普通钢筋及预应力钢筋，预应力钢筋初拉力较大)

以 $b=500$ mm，$h=1\ 000$ mm 截面为示例计算，受拉钢筋采用 4 根 25 mm 钢筋，$A_s=1\ 964\ mm^2$，受压钢筋采用 2 根 25 mm 钢筋，$A'_s=981\ mm^2$，受拉预应力钢筋采用 1 根 ϕ15.2-15 钢绞线，$A_p=2\ 085\ mm^2$，钢束有效预拉应力为 $\sigma_p=800$ MPa，$a_s=40$ mm，$a'_s=40$ mm，截面如下图所示。取 UC 180 等级 UHPC，$f_{Utud}=6.2$ MPa，$E_{Uc}=4.5\times10^4$ MPa，$\varepsilon_{Utu}=0.002$，$f_{sd}=330$ MPa，$E_s=2\times10^5$ MPa，$f_p=1\ 260$ MPa，$E_s=1.95\times10^5$ MPa。

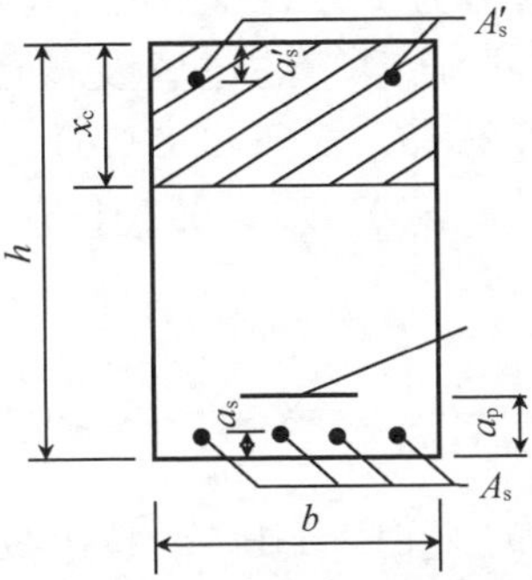

图 5-8　矩形截面 UHPC 受弯构件正截面承载力计算示例

（同时配置纵向普通钢筋及纵向预应力钢筋）

由预应力钢筋、普通钢筋的位置及截面特性可计算 $\sigma_{p0}=832$ MPa；由式(5.2.2-15)、式(5.2.2-16)可得，受拉区预应力钢筋屈服时，$\varepsilon_p=(f_{pd}-\sigma_{p0})/E_p=0.00220$；UHPC 受拉边缘应变为

$$\varepsilon_{Ut}=\frac{h}{h-a_p}\varepsilon_p=0.00244<2.0\varepsilon_{Utu}$$

取 $\varepsilon_{Ut}=2.0\varepsilon_{Utu}=0.004$，即在 UHPC 受拉边缘的拉应变为 $2.0\varepsilon_{Utu}$ 时达到截面的抗弯承载力极限状态。

将式(5.2.2-12)～式(5.2.2-20)带入式(5.2.2-11)，求解 x_c 的一元二次方程，得出

$$x_c = 285.6\ \text{mm} < \xi_b h_0 = 0.60 \times (1\,000 - 80) = 552\ \text{mm}$$

此时,受压边缘 UHPC 的压应力 $\sigma_{Uc} = 71.9$ MPa $\leqslant f_{Ucd} =$ 87 MPa。

由式(5.2.2-10)可计算出截面的抗弯承载力为 $M_u =$ 3 956.4 kN·m。

[示例 3]矩形截面受弯承载力计算(同时配置普通钢筋及预应力钢筋,预应力钢筋初拉力较小)

钢束有效预拉应力为 $\sigma_p = 300$ MPa,其余同示例 2。

由预应力钢筋、普通钢筋的位置及截面特性可计算 $\sigma_{p0} =$ 315 MPa;由式(5.2.2-15)、式(5.2.2-16)可得,受拉区预应力钢筋屈服时,$\varepsilon_p = (f_{pd} - \sigma_{p0})/E_p = 0.00485$;UHPC 受拉边缘应变为

$$\varepsilon_{Ut} = \frac{h}{h - a_p}\varepsilon_p = 0.00539 > 2.0\varepsilon_{Utu}$$

取 $\varepsilon_{Ut} = 0.00539$,此时 UHPC 受拉边缘的拉应变为 $2.0\varepsilon_{Utu}$ 的部分已退出受拉。

将式(5.2.2-12)~式(5.2.2-20)带入式(5.2.2-11),求解 x_c 的一元二次方程,得出

$$x_c = 242.4\ \text{mm} < \xi_b h_0 = 0.405 \times (1\,000 - 80) = 372.6\ \text{mm}$$

此时,受压边缘 UHPC 的压应力 $\sigma_{Uc} = 77.5$ MPa $\leqslant f_{Ucd} =$ 87 MPa。

由式(5.2.2-10)可计算出截面的抗弯承载力为 $M_u =$ 3 582.5 kN·m。

5.2.3 对于工字形截面 UHPC 受弯构件抗弯承载力计算公式,区分受压区位于翼缘内及受压区高度位于腹板范围内两种情况,其余计算原理及假定同本标准第 5.2.2 条。

5.2.4 为优化受压区 UHPC 用量采用 UHPC-RC 组合截面时(RC 板位于受压翼缘侧),本条给出了工字形截面 UHPC-RC

受弯构件抗弯承载力计算公式，假定受压区高度覆盖普通钢筋混凝土 RC 面板层(不满足此假设，说明 RC 层厚度取值偏大，不经济)，并区分受压区位于工字形 UHPC 翼缘内及受压区高度位于腹板范围内两种情况，其余计算原理及假定同本标准第 5.2.2 条。

5.2.5 UHPC 构件斜截面抗剪承载力由 UHPC 构件基体抗剪、箍筋抗剪及预应力钢筋抗剪三部分构成；其中预应力钢筋的抗剪贡献除弯起筋竖向力分量外，还体现在预应力轴力作用对构件主压应力场倾角的影响，进而提升 UHPC 构件基体抗剪及箍筋抗剪承载力。

5.2.6，5.2.7 配置体内钢束及普通钢筋的矩形截面 UHPC 偏心受压及偏心受拉构件正截面承载力计算时，按本标准第 5.1.3 条计算假定及截面内力平衡方程确定受压区高度，平衡方程截面受拉区抗力计入拉应变小于 2.0 倍极限拉应变范围内的 UHPC 材料抗拉强度效应。

5.2.8，5.2.9 与普通钢筋混凝土结构不同，由于 UHPC 结构设计时计入 UHPC 抗拉能力对结构受力性能的贡献，因此需要对 UHPC 结构受拉疲劳应力进行控制。UHPC 构件疲劳验算采用名义应力法，荷载组合选用标准值验算构件受拉边缘纤维拉应力。对于本标准第 3.2.7 条规定中进行局部分析或不配筋 UHPC 结构，且构件厚度大于 100 mm 时，构件抗拉强度设计值 $f_{\mathrm{Utud}}=0.486f_{\mathrm{Utuk}}\sim0.571f_{\mathrm{Utuk}}$，会出现疲劳强度控制水平大于抗拉强度设计值的情况($\sigma_{\mathrm{U,D}}>f_{\mathrm{Utud}}$)，此时构件 UHPC 受拉边缘拉应力由抗拉强度设计值控制。

5.3 持久状况正常使用极限状态计算

5.3.1～5.3.3 UHPC 构件中钢束张拉控制应力、预应力效应验算截面规定、预应力损失计算方法与普通预应力混凝土结构规定相同，除计算收缩徐变效应引起的预应力损失应按本标准第 3 章相关参数进行外，其余按现行行业标准《公路钢筋混凝土及预应力混凝土桥涵设计规范》JTG 3362 的规定执行。

5.3.7 应变硬化型 UHPC 材料具有较强的抗拉延性及裂缝控制能力，构件受拉开裂后裂缝形态细密，在达到极限拉应变前裂缝宽度很小(轴拉试验揭示裂缝宽度小于 0.05 mm)，当拉应变超过极限拉应变后，裂缝开展速度开始大幅增加。因此，对于应变硬化型 UHPC 构件，当频遇组合下边缘拉应变不超过 ε_{Utu} 时，可不验算裂缝宽度，认为裂缝宽度小于 0.05 mm。但应注意，若构件收缩变形受约束时，拉应变验算尚应计入被约束的收缩应变。

5.3.8 应变软化型 UHPC 材料在拉应力超过峰值抗拉强度后抗拉性能快速退化，裂缝控制能力较差，裂缝开展形态与普通混凝土构件类似。安全起见，此类构件裂缝宽度验算要求及计算方法按现行行业标准《公路钢筋混凝土及预应力混凝土桥涵设计规范》JTG 3362 的规定执行。

5.3.11 UHPC 材料具有轻质高强的特性，可有效减轻桥梁自重，实现桥梁构件轻型化。为避免挠度控制值要求高导致结构设计受刚度控制而增加截面尺寸、影响经济性，UHPC 构件挠度限制条件较普通钢筋混凝土桥梁有所降低，但不低于钢结构桥梁挠度控制限值要求。

5.4 持久状况和短暂状况构件应力计算

5.4.6 UHPC 具有高强、早强特性，但尚应对预应力 UHPC 构件张拉预应力钢筋时抗压强度及弹性模量进行下限值规定，以免过早张拉钢束引起后期较大的徐变变形，或因强度不足导致构件局部损伤。

5.5 构造要求

5.5.1 UHPC 具有致密、抗裂性能好等特点，能较好地保护普通钢筋及预应力钢筋，故对 UHPC 构件的最小保护层厚度要求低于普通混凝土但仍要求最外层钢筋保护层厚度不应小于 15 mm。

5.5.2 UHPC 与配筋材料（钢筋和钢绞线）之间的粘结性能很大程度上决定了应力传递过程和传递长度，这一参数主要取决于 UHPC 的抗拉强度（间接反映粘结抗剪强度）、钢筋外形、钢筋端头锚固形状等因素。鉴于 UHPC 材料的力学性能远高于普通混凝土，故 UHPC 构件中的钢筋锚固长度较普通混凝土大幅降低。由于 UHPC 构件的高强、轻质特性，从材料特性相匹配的角度考虑，建议配筋强度等级不宜过小，故本标准中仅列出屈服强度 400 MPa 级以及 500 MPa 级钢筋的最小锚固长度取值。

5.5.3 最小配筋率设置系为避免受弯构件超过初裂弯矩后出现脆性断裂。而对于应变软化的 UHPC，因抗裂性能及延性性能较差，最小配筋率设置原则基于确保承载能力极限状态所对应的荷载值高于开裂时所对应的荷载值，以保证构件不出现脆性破坏。

5.5.4 UHPC 板的最小厚度不应小于 50 mm，主要是考虑加工制造偏差、钢筋最小保护层要求及构件局部稳定等因素。

5.5.5 考虑施工偏差因素及梁体腹板配筋等构造需求，并参考国内外既有 UHPC 梁桥设计参数，故规定 UHPC 梁的腹板宽度不应小于 80 mm。

5.5.6 当 UHPC 构件因预制或分段浇筑产生冷缝时，接缝处的钢纤维连续性得不到保证，抗裂强度被削弱。因此，构件设计计算计入接缝处 UHPC 抗拉能力，需对接缝构造做配筋加强处理。

6　超高性能混凝土-钢组合桥面板结构设计

6.1　一般规定

6.1.1　借鉴常规正交异性桥面板的受力体系划分，整体计算为第一体系，局部计算为第二、三体系，三个体系的计算结果叠加，可得到 UHPC-钢组合桥面板结构的完整应力状态。

1　第一体系：组合桥面板结构承受车道荷载作用，参与结构总体计算，也称为“主梁体系”。

2　第二体系：UHPC 层与正交异性桥面板作为整体支承于主梁、横梁腹板上，承受车辆轮压作用，也称为“桥面体系”。

3　第三体系：UHPC 层与钢顶板组成的叠合板件支承于顶板加劲，形成连续组合板，承受肋间的轮压荷载，也称为“面板体系”。

6.1.2　第二、三体系传统算法包括格子梁法、P-E 法、解析法等，上述方法均基于一定理论假设，结构形式规则时可取得良好的计算精度，并有益于概念设计。

近年来，有限元计算方法得到了广泛应用，操作方便且可模拟各类结构形式，可根据结构的具体构造，建立详细的三维有限元模型，一次性计算第二、三体系。建立空间阶段模型时，节段长度及边界条件应能模拟实际受力情况，单元尺寸应能满足工程设计要求。钢板件可采用板壳单元模拟，UHPC 层可采用实体单元模拟，剪力连接件可采用弹簧单元或梁单元模拟。模型中可不考虑 UHPC 中的钢筋。

6.1.4　温度梯度效应借鉴现行行业标准《公路桥梁设计通用规范》JTG D60 的规定，并结合本标准 UHPC 层厚度的适用范围

50 mm～100 mm，因此 UHPC－钢组合桥面板结构的竖向温度梯度分布形式采用单折线模式。

6.2 结构计算

6.2.1 UHPC－钢组合桥面板结构受力性能与施工顺序密切相关，计算模型与实际施工状态需要对应。强度验算借鉴现行行业标准《公路钢混组合桥梁设计与施工规范》JTG/T D64—01 的规定，以各部位应力水平作为验算依据。UHPC－钢组合结构桥面板剪力滞效应明显，应计算桥面板的有限分布宽度。由于 UHPC 层具有一定的抗拉强度和韧性，负弯矩区应按不开裂计算。

6.2.8 按本标准条文说明第 5.2.8 条、5.2.9 条。

6.2.11 UHPC 层应力水平小于轴拉强度时，尚处于弹性状态，未发生开裂。对于应力超限的区域，UHPC 进入屈服平台，应计入非线性本构关系计算应变值，配筋 UHPC 应变限值可取 $2.0\varepsilon_{Utu}$。实际工程中存在使用不配筋 UHPC 的情形，此时应变限值取材料极限应变 ε_{Utu}。

6.2.13 本条规定了 UHPC－钢组合桥面板结构局部挠度的加载模式和限值，目的是确保桥面系的局部挠度不会过大，以减小在车载作用下，面层因局部变形过大而出现脱层等病害问题，同时确保行车的舒适性。

6.3 构造要求

6.3.1 目前国内外正交异性钢桥面板的设计中，钢面板厚度一般不小于 14 mm。而对于 UHPC－钢组合桥面板结构，考虑 UHPC 层对桥面系刚度的贡献，钢面板厚度可以较薄，故本条文中规定不小于 12 mm。

根据现行国家标准《电弧螺柱焊用圆柱头焊钉》GB/T 10433，

焊钉直径规格最小为 10 cm，且一般控制焊钉的长径比不小于 4，因此 UHPC 层厚度不宜小于 50 mm；考虑 UHPC－钢组合桥面板结构的经济性，UHPC 层厚度一般不大于 100 mm。

6.3.4 UHPC 装配化施工或分段浇筑时，会出现 UHPC 接缝。由于接缝处 UHPC 中的钢纤维不连续，抗裂强度将被削弱，为此，需对接缝处做硬化处理，如加密钢筋间距等。接缝设计应通过试验验证其传力及耐久性能。

6.3.5 UHPC 层应设置边界连接构造，保证边界构造物与 UHPC 层连接处不产生裂缝，从而避免 UHPC 层内部或桥面受到外部有害物质侵入所造成的损害。与 UHPC 层相接的边界构造物包括伸缩缝、路缘石、护栏、其他路面结构或其他构造物。当边界相接部分为路面结构时，应采用 UHPC 层伸入到路面结构中的方式设置边界连接结构；除路面结构以外，其他边界结构物应采用钢结构或混凝土结构。

6.3.6 本条针对桥面沥青磨耗层不小于 40 mm，如桥面沥青磨耗层小于 40 mm，防水粘结层的剪切强度应研究后适当提高。

7 预制结构中超高性能混凝土连接设计

7.1 一般规定

7.1.1 UHPC具有高强度、高韧性、高耐久性、与钢筋握裹力强、自流平便于施工等优点，可应用于桥梁预制结构之间的连接中（预制结构采用普通混凝土），连接构造采用钢筋搭接连接，无需绑扎或焊接，现场工作量小，施工快速，钢筋定位要求低，且适用于束筋布置，是一种较好的连接形式。

7.1.2 UHPC应用于预制梁连接时，选型主要取决于UHPC与钢筋粘结性能，试验表明，UTⅠ型可满足相关要求。UHPC应用于下部结构连接时，选型主要取决于UHPC的抗拉强度和极限拉应变，分析表明，UTⅢ可满足相关要求。

7.1.3 UHPC材料致密性高，耐久性远超普通混凝土，最外侧钢筋的常规保护层厚度即可满足耐久性的要求。对于受力主筋而言，保护层厚度的选取主要受钢筋在UHPC中的锚固性能影响。

7.1.4 UHPC与钢筋粘结性能试验表明，搭接长度与钢筋直径有密切关系。当钢筋直径大于25 mm时，钢筋受拉时的颈缩效应明显，导致钢筋与UHPC接触面积减小，应计入搭接长度的增加。当钢筋直径大于32 mm时，目前还缺乏相关试验数据，最小搭接长度应根据试验确定。

7.2 上部结构连接

7.2.1 预制梁连接的典型构造参考当前实际工程中的应用。试验表明，预制梁连接形式采用平直缝或钻石企口缝均可满足受力要求。为了提高后浇 UHPC 与普通预制混凝土的粘结性能，接触截面应进行粗糙化处理。

7.2.2 为了提高连接后预制梁的整体性，预制梁连接的典型构造设计是基于连接段的抗弯承载力强于预制梁段得出的，即破坏发生在预制梁段，保证连接段不发生破坏。

7.3 下部结构连接

7.3.1,7.3.2 下部结构连接的典型构造参考当前实际工程中的应用。

7.3.4 预制墩柱配筋形式多样，束筋布置也较为常见，常规预制墩柱连接方式为灌浆套筒连接、灌浆金属波纹管连接等，仅适用于单根钢筋的配筋形式，应用受限。而 UHPC 连接预制墩柱适用于束筋连接，应用范围更广。

7.3.5 UHPC 连接预制墩柱的设计理念为塑性铰发生在预制段，连接段采用能力保护构件设计，相对其他连接方式破坏发生在连接段，在地震作用下可更好地控制损伤部位，提高抗震韧性。抗震验算可按现行现行行业标准《城市桥梁抗震设计规范》CJJ 166 或《公路桥梁抗震设计规范》JTG/T 2231—01，但墩柱高度应扣除连接段的高度。

7.3.7 连接段作为能力保护构件设计时，计算按现行行业标准《城市桥梁抗震设计规范》CJJ 166 或《公路桥梁抗震设计规范》JTG/T 2231—01。为了计入 UHPC 抗拉强度的贡献及保证钢筋在 UHPC 中的锚固性能，UHPC 的最大拉伸应变应小于 UHPC 的极限拉伸应变，即 UHPC 在最大拉伸应变时仍可提供抗拉强度且不开裂。

7.3.8 塑性铰发生在预制段，连接段采用能力保护构件设计，即墩柱加密区应从预制段起计算，扣除 UHPC 连接段长度。

8 维修加固

8.1 一般规定

8.1.1 采用 UHPC 材料可对桥梁结构或构件进行承载能力加固，在某些特定场合也可用于提高局部构件的耐久性。

采用 UHPC 加固桥梁技术是通过在原有桥梁结构基础上结合 UHPC 层来提高原有构件的承载力、刚度和耐久性的方法。跟传统增大截面法等类似加固技术对比，UHPC 加固桥梁技术在不明显增加桥梁结构的自重的前提下，可有效提高结构的承载能力，并且可作为一层致密且有一定变形能力的保护层，以提高结构耐久性，特别适合在严苛环境下的混凝土桥梁结构。

8.1.2 新增 UHPC 层与原构件的连接可靠，是保证加固后结构共同受力的关键。因此，需要通过构造措施保证界面的连接不先于构件发生破坏，本标准第 8.4.6 条～8.4.10 条均为保证界面可靠连接的措施。

8.1.3 桥梁结构的恒载作用比较大，采用 UHPC 加固桥梁技术时，由于桥梁结构实际上是分阶段受力，本标准将桥梁结构采用 UHPC 加固技术的施工过程分为两个受力阶段进行计算：第一阶段是以原构件截面受力的结构计算；第二阶段是以加固后构件截面受力的结构计算。

8.2 受弯构件加固

8.2.3 对于组合梁的抗弯极限承载力的计算，系基于同济大学桥梁工程系研究小组和洛桑联邦理工学院研究小组进行的

UHPC-混凝土组合断面梁的弯曲试验结果。同济大学桥梁工程系研究小组通过 UHPC-混凝土组合梁的弯曲性能试验，验证组合截面在弯曲过程中的平截面假定准则。然后基于截面平截面假定建立 UHPC-混凝土组合梁的抗弯平衡方程，建立了组合梁的抗弯承载力计算模型。在 UHPC-混凝土组合梁破坏模态方面，同济大学桥梁工程系研究小组研究了高应变硬化型 UHPC 与钢筋的协同受力机理及其对组合结构破坏形态、裂缝开展、极限承载力的影响。根据试验方案，建立有限元分析模型并与试验数据进行对比分析，并结合国内外研究成果，建立了组合结构受弯承载力计算方法，此方法具有比较高的准确度以及一定的安全储备。计算模型中，相关系数与现行行业标准《公路钢筋混凝土及预应力混凝土桥涵设计规范》JTG 3362 保持一致。

8.3 受压构件加固

8.3.1 在本标准编制组进行的 UHPC 加固受压构件(短柱)试验中，未加固试件的破坏荷载 400 kN，普通混凝土加固组试件的破坏荷载平均值为 490 kN，UHPC 加固组试件的破坏荷载平均值为 509 kN。从而证明 UHPC 采用截面双侧或构件周边增设 UHPC 层进行加固是有效的，并且加固后构件承载力提高。

式(8.3.1)中的系数是综合考虑可能存在新增混凝土和新增受压钢筋的强度利用程度降低而取的折减系数值，α_{S2} 时取 0.8，该值是参照现行国家标准《混凝土结构加固设计规范》GB 50367 制定的。系数 α_c 主要是考虑周边增设 UHPC 对原构件混凝土的约束作用，原构件混凝土三向受压，使得混凝土强度提高。系数 α_U 根据本标准编制组进行的 UHPC 加固轴压构件的试验，在构件破坏时 UHPC 加固层平均应力大约是其强度的 70%～80%，且考虑实际构件的二次受力，故建议取 0.6。

8.4 构造要求

8.4.8 UHPC加固桥梁技术加固设计时要对原构件的表面处理提出要求，以保证UHPC层与旧普通混凝土的共同作用。

加固工程中常采用构件表面凿毛、砂轮机或高压水喷射打毛及人工凿沟槽等方法，主要技术要求分别是：①原构件混凝土表面经修整露出骨料断面后，应再将原构件凿毛成凹凸差不小于6 mm且露出至少一半的粗骨料的粗糙面；也可錾成点深4 mm～6 mm、间距为不大于30 mm的梅花形分布麻点。②采用砂轮机或高压水射流打毛时，在经修整露出骨料断面后的原构件混凝土表面打出方向垂直于剪力作用方向的纹路，纹深不小于4 mm，纹路间距不大于50 mm。③采用人工凿沟槽时，在经修整露出骨料断面后的原构件混凝土表面凿出方向垂直于剪力作用方向的沟槽，沟槽深不小于6 mm，沟槽间距不大于150 mm。

加固层新增钢筋与原构件钢筋需要有牢固的连接(短筋连接或直接焊接)，以保证UHPC与旧普通混凝土共同工作，同时也可保证新增钢筋发挥作用。在本标准编制组进行的UHPC与普通混凝土界面抗剪试验中，与界面仅凿毛处理相比，界面仅植筋处理试件的破坏荷载提高215%，界面仅进行短钢筋焊接试件的破坏荷载提高570%，界面同时进行短钢筋焊接和植筋处理试件的破坏荷载提高665%，说明进行短钢筋焊接处理可有效提高界面抗剪承载力。

9 施工及质量检验

9.2 施工准备

9.2.1 UHPC施工专项方案分为两个方面：一方面是混凝土搅拌机的生产技术方案，包括原材料、设备种类和数量、混凝土的制备、运输等；另一方面是工程现场的施工技术方案，包括浇筑、振捣、养护等工艺。

9.2.2 UHPC的供应方式可由供需双方协商确定，可将除钢纤维外各种固体原材料拌成预混料，也可将钢纤维预混入预混料中。为保证计量精度，原材料及预混料的计量应采用电子计量设备。

9.2.3 原材料及预混料应储存在干燥通风的场所，并应按品种、批号分别堆放，不得混堆混用，且应先存先用。

9.3 模板和支架

9.3.3 由于钢纤维的存在，UHPC在施工中不能进行插捣，故UHPC表面的气孔排出就要更多地依赖模板以及脱模剂的使用。经过市场调研发现，水性脱模剂能够比较好地排出UHPC里的气体，提高表面成型质量。

9.4 搅 拌

9.4.1 目前UHPC是采用预混料现场加水搅拌而成。搅拌前应确定搅拌机的状态，搅拌机的出料速率应与运输能力和现场浇筑能力匹配，合理配制资源，控制搅拌、运输和浇筑的连续性。

9.4.3 UHPC 对于用水量有比较高的精度要求，当用水量偏差大于 1%时，混凝土工作性会产生较大的差别，从而影响混凝土的性能。

9.4.4 UHPC 所需要的搅拌时间相较于普通高性能混凝土更长，根据不同的搅拌机，应试验制定最佳搅拌时间，但是不宜少于 3 min，流化后继续搅拌时间不宜少于 1 min。

9.4.5 UHPC 的扩展度大，施工现场随意加水、加外加剂等情况严重，从而导致 UHPC 拌合物出现分层离析、泌浆泌水等情况。而一个合格的混凝土拌合物应具备粘聚性、流动性和保水性三要素，在选取工作性时，应选择与施工工况相适应的扩展度。

UHPC 具有很强的抗裂能力和裂缝分散能力，但是在目前的实际使用过程中，往往发生 UHPC 表层裂缝的现象，部分裂缝甚至贯穿整个结构，大大影响了整个结构的安全性。通过调查发现，除了部分裂缝是养护不足造成外，大部分裂缝的造成都与混凝土中钢纤维分布不均有关。分析原因，由于在施工中担心 UHPC 成型不密实，部分工程用到 700 mm～800 mm 甚至更大，此时混凝土的粘度较低，在拌合物流动和振动的情况下发生钢纤维分层沉降，表层钢纤维含量严重低于设计使用掺量。经本标准编制组调查发现，在钢- UHPC 组合结构、薄层加固维修等结构中，混凝土施工完毕进行后续作业时需要表层抛丸，抛丸后表层基本无钢纤维，说明分层严重。众所周知，一个合格的混凝土拌合物应具有适宜的工作扩展度和粘度，保证钢纤维和基体的匀质性。本标准规定：当 UHPC 拌合物扩展度在 650 mm 以上时，宜按照本标准附录 B 检验钢纤维分布均匀性。对于表层拉应力较大的构件，本标准规定钢纤维离析程度应满足 SD. Ⅰ或 SD. Ⅱ的要求。

9.5 运 输

9.5.1,9.5.2 UHPC 建议使用搅拌罐车运输,由于翻斗车及吊斗没有搅拌措施,拌合物易离析,根据现场工程经验,仅适用于扩展度在 450 mm 以下的混凝土拌合物。对于寒冷及炎热天气,应对搅拌车、翻斗车采取保温或隔热措施,避免混凝土产生较大的温度起伏。

9.5.3 混凝土拌合物从搅拌机卸入搅拌运输车至卸料时的时间不宜超过 90 min。运输时间过长,混凝土拌合物的流动性降低过多,难于浇筑密实。同一构件或同一工程部位的混凝土应连续浇筑,避免产生冷缝。

9.6 浇 筑

9.6.1 UHPC 浇筑前,应检查模板支撑的稳定性以及接缝的密合情况,并应保证模板在混凝土浇筑过程中不失稳、不跑模和不漏浆。天气炎热时,宜采取遮挡措施避免阳光照射金属模板,或从金属模板外侧进行浇水降温。

9.6.4 振捣易使 UHPC 密实,但振动时间过长容易使混凝土产生离析分层。UHPC 的振捣方式应与混凝土的工作性结合起来。当混凝土粘稠度较好、抗离析能力较强时,可采用插入式振捣、平板振捣或模外振捣;当混凝土粘稠度较低、抗离析能力较差时,应经试验确定振捣方式。

9.7 养 护

9.7.2 大量试验数据表明,UHPC 的收缩主要发生在 7 d 内,特别是浇筑后的前 3 d。与普通混凝土一样,UHPC 的收缩主要分为塑性收缩、自收缩、温度收缩和干燥收缩。由于 UHPC 的水灰比低、胶凝材料用量大，自收缩为主要的收缩形式，自收缩主要发生时间为前 3 d。因此，现场浇筑的 UHPC 在浇筑完成后，应及早增湿覆膜，减少早期水分蒸发，提高混凝土中胶凝材料的水化程度。

UHPC 用于钢- UHPC 组合结构，属于超薄超大面积混凝土施工，混凝土的养护要求极为严格。为保证塑性期不失水，混凝土成型完毕后，就应开始洒水保湿。混凝土塑性期会产生很大的塑性收缩和水化收缩，因此在终凝前的二次抹压尤为重要。

混凝土养护是水泥等胶凝材料水化及混凝土硬化正常发展的重要条件，混凝土养护不好往往会前功尽弃，还会出现混凝土开裂等问题。工程中，制定施工养护方案作为必不可少的规定，并应有实施过程的养护记录，供存档备案。

钢- UHPC 组合结构一般使用常温保湿养护工艺，如果采用蒸汽养护，在降温阶段，钢桥面将会产生较大的温度收缩应力，会产生开裂倾向，故不推荐使用蒸汽养护。冬季施工时，为快速产生强度达到混凝土临界抗冻强度，并减少工期，可采用蒸汽养护。

9.8 高温期和冬期施工

9.8.1 由于 UHPC 胶材用量大、用水量低，在夏季施工时，很容易出现失水起壳、流动性损失过快现象，在正午阳光直射下甚至会发生速凝，严重影响施工质量。故夏季施工时，应编制相应夏季施工技术方案、应急方案等，保证工程质量和施工安全。

9.8.2 在正常情况下，UHPC 强度随龄期发展较快，但日均温度低于 5℃时，混凝土凝结时间大幅度增加，强度随龄期发展缓慢，此时虽不至于冻坏，但也会大幅延长工期，故本标准推荐蓄热养护，使混凝土快速产生强度。

9.9 质量检验

9.9.3 按本标准条文说明第 3.2.14 条。